Unterrichtsmodell

édité par Dieter Ewald

FRANZÖSISCH

Fables classiques et modernes

de Dieter Ewald

EIN FACH FRANZÖSISCH

Schöningh

Vorwort

 Einzelarbeit

 Partnerarbeit

 Gruppen-arbeit

 Unterrichts-gespräch

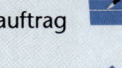 Schreib-auftrag

 Hausaufgabe

 filmische Präsentation

 Projekt, offene Aufgabe

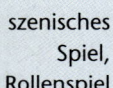 kreative Aufgabe

 szenisches Spiel, Rollenspiel

Das vorliegende Heft ist Teil der Reihe „EinFach Französisch", die Lehrerinnen und Lehrern erprobte und an den Bedürfnissen der Schulpraxis orientierte Unterrichtsmodelle für die Sekundarstufe II zur Verfügung stellt. Sie zeichnen sich aus durch Benutzerfreundlichkeit und Überschaubarkeit und bieten – gerade auch im Hinblick auf die Anforderungen des Zentralabiturs – einen klaren Leitfaden für die Behandlung von Texten und Medien, einen schnellen Zugriff auf unterschiedliche Materialien und damit eine deutliche Erleichterung bei der Unterrichtsvorbereitung.

Die Modelle ermöglichen einen methodenreichen Unterricht: Handlungsorientierte und innovative Methoden werden ebenso berücksichtigt wie bewährte Verfahren der Texterschließung und Textbearbeitung oder Verfahren der Film-, Bild- und Textanalyse. Das Prinzip der *Modules* (Bausteine) eröffnet dabei die Möglichkeit, Unterrichtsreihen individuell mit unterschiedlichen thematischen und methodischen Akzentuierungen je nach kursspezifischen Bedürfnissen zu konzipieren.

Sprachliche Betreuung: Marie-Christine Kocheise

© 2006 Bildungshaus Schulbuchverlage
Westermann Schroedel Diesterweg Schöningh Winklers GmbH
Braunschweig, Paderborn, Darmstadt

www.schoeningh-schulbuch.de
Schöningh Verlag, Jühenplatz 1 – 3, 33098 Paderborn

Druck A 5 4 3 2 1 / Jahr 2010 09 08 07 06
Alle Drucke der Serie A sind im Unterricht parallel verwendbar.
Die letzte Zahl bezeichnet das Jahr dieses Druckes.

Umschlaggestaltung: Peter Wypior, Bad Driburg
Druck und Bindung: AZ Druck und Datentechnik GmbH/Kempten (Allgäu)

ISBN 13: 978-3-14-046252-5
ISBN 10: 3-14-046252-2

Approches

Collage de Jacques Prévert

«Les fables ne nous montrent pas des hommes portant des masques de bêtes, mais le contraire.»

Que pensez-vous de cette phrase un peu paradoxale de Jean Giraudoux?

Fables classiques et modernes

Module 1: Petite fabrique des fables   13

Module 2: La fable – hier et aujourd'hui   18

Module 3: La parodie de la fable classique   29

Les auteurs

Jean de la Fontaine (1621–1695) Issu de la bourgeoisie provinciale, il connaît, grâce à sa charge de «maître des Eaux et Forêts», des loisirs occupés à fréquenter les salons ou à lire surtout les Anciens qu'il prendra pour modèles dans une imitation originale. Son poème héroïque *Adonis* (1658), inspiré d'Ovide, lui rassure la protection de Nicolas Fouquet, surintendant des finances. Accueilli à partir de 1664 par la duchesse d'Orléans, il connaît un éclatant succès avec ses *Contes et nouvelles* (1665). Dès 1668 paraissent les premiers livres de *Fables* (dédiés au Dauphin), que La Fontaine augmentera, sous la protection de Mme de la Sablière, puis de M. et Mme Hervart,

des deuxième (1678: livres VII-XI, dédiés à Mme de Montespan) et troisième recueils (1694: livre XII, dédié au Duc de Bourgogne). Libéré de tout souci matériel, il publie de nombreuses œuvres poétiques ou théâtrales dans tous les genres, qui lui valent d'être reçu à l'Académie Française en 1683. Le recueil de ses fables que tous les enfants apprennent par cœur en France, est le livre le plus populaire de la littérature française.

Jean Anouilh (1910–1987) Auteur dramatique. Son théâtre va de la fantaisie des pièces «roses» (*Le Bal des voleurs, 1938*) et de l'humour des pièces «brillantes» ou «costumées» (*Becket ou l'Honneur de Dieu, 1959*) à la satire des pièces «grinçantes» (*Pauvre Bitos, 1956*) et au pessimisme des pièces «noires» (*Antigone, 1944*). Ses *Fables* (1962) contiennent bon nombre de thèmes et de structures de son œuvre dramatique.

Esope (~VIème siècle av. J.-C.) En gr. Aisôpos. Fabuliste grec dont la personnalité reste légendaire. Il aurait été esclave affranchi, difforme et bègue. Les *Fables* qu'on lui attribue ont été reprises dans toutes les littératures européennes et dans la littérature arabe. La Fontaine a pris connaissance de ses fables dans la collection *Mythologia Aesopica* éditée par Névelet, dont la deuxième édition parut en 1660.

Henri Michaux (1899–1984) Poète français d'origine belge. Un voyage autour du monde, voyage au cours duquel il séjourne en Amérique du Sud et en Extrême-Orient, l'a conduit à la découverte de mœurs et de paysages étrangers (*Fables des Origines*, 1923; *Ecuador*, 1929; *Un barbare en Asie*, 1932); mais il montre aussi que la seule aventure est d'ordre intérieur. Ses œuvres poétiques évoquent le monde intérieur (*La nuit remue*, 1934), la difficulté de vivre (*Plume*, 1937) et leur projection fantastique en des mondes imaginaires (*Voyage en Grande Garabagne*, 1936; *Au pays de la magie,* 1942). Explorateur de l'inconscient et du rêve, il va tenter, par l'usage de la mescaline, une exploration (*Misérable miracle*, 1955) qui continue avec *L'infini turbulent* (1957) et *Connaissance par les gouffres* (1961).

Charles Perrault (1628–1703)

Il publia des œuvres parodiques et galantes avant d'entrer à l'Académie française (1671), où il prit parti pour les Modernes dans la «querelle des Anciens et des Modernes». Sa célébrité provient des contes de fées recueillis pour l'amusement des enfants (*Contes de ma mère l'Oye*, 1697).

Jacques Prévert (1900–1977)

Hostile à toutes les forces d'oppression sociale, capable d'ironie et de violence mais aussi de grâce et de tendresse, sa poésie célèbre, à l'usage d'un très large public, les thèmes de la liberté, de la justice et du bonheur. Beaucoup de ses poèmes ont été mis en musique. Principaux recueils: *Paroles* (1946), *Histoires* (1946), *Spectacle* (1951), *La pluie et le beau temps* (1955), *Fatras* (1965), *Arbres* (1976).

Jules Renard (1864–1910)

Il fut maire de son village dans le Morvan. On trouve cette présence de la campagne dans les *Histoires naturelles* (1894) où il manifeste l'acuité de son regard vis-à-vis du monde animal. Jules Renard est aussi l'auteur de récits, réalistes par leur sujet, comme *Poil de carotte* (1894).

Vorüberlegungen zum Einsatz von Fabeln im Unterricht

Le lycéen ayant rien fait
De l'année
Se trouva fort dépourvu
Quand le conseil de classe fut venu
...

Le lycéen et la fourmi heißt diese parodistische Nachahmung der bekannten La Fontaine-Fabel *La cigale et la fourmi,* verfasst von einer Schülerin der *Seconde.* Wenn Sie wissen wollen, wie es weitergeht: unter www.Lafontaine.net finden Sie – und natürlich Ihre Schülerinnen und Schüler – eine Vielzahl von interessanten Parodien und Pastiches, aber auch detaillierte Informationen zum Leben und zur Epoche La Fontaines *(biographie, entourage),* zum Werk *(ouvrages, sources),* eine Liste der Fabeltiere *(les animaux dans les fables),* Illustrationen *(iconographie)* und Spiele *(jeux à propos des fables).* Auch ein *forum interactif (espace-jeu)* enthält dieser regelmäßig aktualisierte *Site Internet,* den *Le Monde* als *un site vivant, soigné et utile* bewertet.

Aber nicht nur als *internautes* werden die Kursteilnehmerinnen und Kursteilnehmer aktiv mit Fabeln umgehen, auch in den französischen Printmedien finden sich immer wieder Anspielungen auf Fabeln. Die Aktualität dieser literarischen Gattung in Frankreich spiegelt sich also nicht nur in Briefmarkenserien zum Gedenkjahr La Fontaines wider (1995: 300-Jahr-Feier), sondern wir finden sie häufiger als Zitat oder Parodie in der Tagespresse in Form von Texten oder Karikaturen (mit den entsprechenden *effets comiques*). Aufgrund ihres hohen Bekanntheitsgrades und ihrer komprimierten Essenz wird sie auch gern in der Werbung eingesetzt. Der vorliegende Band bietet einige für den Französischunterricht besonders ergiebige Beispiele.

Die Beliebtheit der Fabel im Französischunterricht resultiert zum einen aus diesen aktuellen Verwendungssituationen der klassischen La Fontaine-Vorlage in den Medien und den damit verbundenen interkulturellen Erkenntnissen (gerade auch im Kontrast zu Deutschland). Hinzu kommt der Reiz des kleinen, überschaubaren Textes, seine poetisch-epische Ausprägung im La Fontaine'schen *récit égayé.* Die textuelle Normiertheit der klassischen Fabel erleichtert den Schülerinnen und Schülern sowohl ihre analysierende als auch ihre produktionsorientierte Arbeit mit dieser Gattung. Auf dieser Folie lassen sich klassische und moderne Modifikationen schnell erfassen und beschreiben. Die Fabel lässt außerdem soziale Konflikte durch ihre Strukturmuster hindurch transparent werden (z. B. *personnages opposés*) und trägt so zur Kritikfähigkeit der Kursteilnehmerinnen und Kursteilnehmer bei.

So sind die *Fables classiques et modernes* im Französischunterricht sehr gut geeignet, fachspezifische bzw. fachübergreifende Qualifikationen und Kompetenzen im Sinne wissenschaftspropädeutischen Lernens zu vermitteln und damit auf die Anforderungen des Abiturs vorzubereiten.

Im Bereich **Sprache** stehen Verwendungssituationen in literarisch bzw. ästhetisch orientierter sowie sach- und problembezogener Kommunikation im Zentrum. Neben dem Einblick in konstitutive Merkmale der Gattung, in gesellschaftliche, kulturelle und historische Bedingtheit von Sprache, lernen die Schülerinnen und Schüler wichtige rhetorische und stilistische Mittel und deren Wirkungsweisen kennen. Sie erwerben ästhetische Kompetenzen, und ihre Sensibilität im Umgang mit Literatur und Medien wird gefördert.

Der Erwerb **interkultureller Kompetenz** ist bei der Gattung Fabel gerade auch durch ihre Präsenz im Alltagsleben und in den französischen Medien angelegt. Hier erhalten die Schülerinnen und Schüler einen exemplarischen Zugang zu kulturspezifischen Sichtweisen. Unter Nutzung des umfangreichen medialen Informationsangebotes erwerben sie Kompetenzen im Umgang mit Stereotypen und kulturell sensiblen Themen und stellen Vergleiche zwischen Deutschland und Frankreich an.

Beim **Umgang mit Texten und Medien** stehen neben analytisch-interpretierenden Zugängen zur Fabel auch produktionsorientierte. Gerade bei der Gattung Fabel bietet es sich an, Texte als Modelltexte zu nutzen, um moderne Parodien zu verfassen, Perspektivwechsel vorzunehmen und Textsorten umzuschreiben. Auch der Umgang mit mehrfach kodierten Texten (Text, Bildmedium, auditives Medium) in Bezug auf Entschlüsselungstechniken und produktive Verwendungsmöglichkeiten ist Bestandteil des vorliegenden Unterrichtskonzepts, wobei auch eine Förderung medienkritischen Urteilsvermögens auf Schülerseite angestrebt wird.

Im Bereich fachlicher **Methodenkompetenzen und Arbeitstechniken** wird neben der Förderung von Kompetenzen der Textrezeption die besondere Eignung der Fabel im Hinblick auf die Textproduktion intensiv genutzt. Gerade der Gattungsbezug erfordert die Aktivierung von in der Reihe erworbenem Vorwissen und die Fähigkeit, Strukturprinzipien der Fabel in der Texterstellung anzuwenden. Ein wichtiges Kompetenzziel des vorliegenden Unterrichtsmodells zur Fabel ist es daher, die Schülerinnen und Schüler in die Lage zu versetzen, im Sinne des Prinzips der Komplementarität analytisch-interpretierender und produktionsorientierter Zugänge eigene Gestaltungs- und Analyseansätze aufeinander zu beziehen.

Das vorliegende Unterrichtsmodell will auch das **selbstständige Lernen** der Schülerinnen und Schüler fördern, insbesondere die Fähigkeit, den eigenen Schreib- und Arbeitsprozess zu planen und zu reflektieren. Das schließt auch die Fähigkeit ein, Strategien der Informationsbeschaffung und -verarbeitung bewusst anzuwenden. Gerade die La Fontaine'sche Fabel bietet eine Fundgrube für die Recherche relevanter Materialien. Die Entwicklung methodisch adäquater Vorgehensweisen, die Formulierung von Zielperspektiven und der Einsatz von Präsentationstechniken stehen dabei in enger Vernetzung mit den übrigen Unterrichtsaktivitäten.

Fabeln können sowohl im Grundkurs als auch im Leistungskurs eingesetzt werden. Dabei bestehen die Unterschiede in der Anzahl der behandelten Fabeln, in deren sprachlichem und inhaltlichem Schwierigkeitsgrad, im Anspruchsniveau der Arbeitsaufträge (insbesondere zur Untersuchung sprachlicher und stilistischer Mittel) sowie im erforderlichen Komplexitätsgrad der Analyse.

Fabeln im modernen Französischunterricht? Ja, aber unter Nutzung des breiten Spektrums an methodischen Zugängen. Die Materialien dieses Modells ermöglichen einen methodenreichen Unterricht: Bewährte Verfahren der Texterschließung und Textbearbeitung, der Bild- und Textanalyse stehen neben handlungsorientierten und innovativen Methoden.

Aktuelle Materialien können interessante Perspektiven vermitteln. So z. B. die Ende 2004 in *Le Monde* erschienene Sarkozy-Karikatur (S. 25) oder die 2006 zum Thema der französisch-chinesischen Freundschaft herausgegebene ¼ Euro-Münze *Fables de La Fontaine* (s. Abb. rechts). Neben La Fontaine sind hier die zwölf chinesischen Tierkreiszeichen *(signes du zodiaque chinois)* dargestellt: *rat, bœuf, tigre, lièvre, dragon, serpent, cheval, chèvre, singe, coq, chien, cochon,* Tiere, die auch Protagonisten La Fontaine'scher Fabeln sind. Ein schöner Beweis für das die Kulturen verbindende Potenzial der französischen Fabeln!

Konzeption des Unterrichtsmodells

Das vorliegende Unterrichtsmodell stellt einen repräsentativen und gleichzeitig knappen Kanon zur Behandlung der *Fables classiques et modernes* dar. Der Titel weist bereits auf den grundlegenden didaktisch-methodischen Zugriff hin: Ausgegangen werden soll von den Fabeln La Fontaines, die – allgemein als Prototyp der französischen Fabel anerkannt – auf antike und humanistische Quellen zurückgreifen und Vorbildfunktion für alle folgenden französischen (und auch europäischen) Fabulisten bis zur Gegenwart übernehmen. Die Fabeln La Fontaines schaffen somit ein Gattungsbewusstsein, auf das moderne Autoren und Medien in unterschiedlicher Weise zurückgreifen.

Daher ist es sinnvoll, dass sich die Schülerinnen und Schüler im Rekurs auf ihr allgemeines Vorwissen zur Fabel zunächst Grundstrukturen der klassischen französischen Fabel erarbeiten und Strukturelemente wie *personnages, structure dramatique, récit, moralité, sens moral* kennenlernen, die später als Vergleichsbasis zur Herausarbeitung moderner Modifikationen wie z. B. Parodien dienen können. *(Modules 1* und *2, Abschnitt 1)*

Je nach Kurstyp (Leistungskurs oder Grundkurs), verfügbarer Zeit und Leistungs- und Interessenlage der jeweiligen Lerngruppe wird die Erarbeitung der formalen Besonderheiten der La Fontaine-Fabel unter der Perspektive des *égayer* mehr oder weniger intensiv ausfallen. Grundkenntnisse sind in jedem Fall erforderlich, um den in den modernen Medien häufiger auftretenden Pastiche- und Parodie-Charakter angemessen analysieren und produktionsorientiert bearbeiten zu können. Die wesentlichen Grundmuster werden in *Modules 1* und *2, Abschnitt 1* exemplarisch erfasst; als Vertiefung der Fabeltechnik La Fontaines, wie sie für den Leistungskurs erforderlich ist, bietet sich eine ausführliche Behandlung anhand von *Module 6* an.

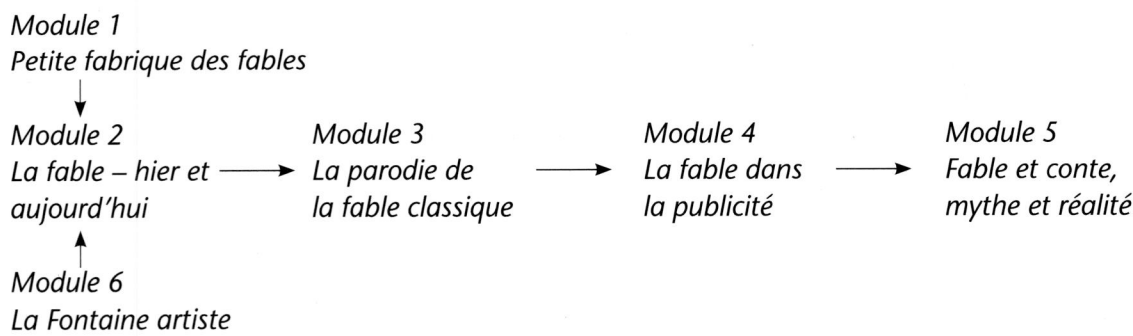

Module 1
Petite fabrique des fables

Module 2 ⟶ *Module 3* ⟶ *Module 4* ⟶ *Module 5*
La fable – hier et   *La parodie de*   *La fable dans*   *Fable et conte,*
aujourd'hui   *la fable classique*   *la publicité*   *mythe et réalité*

Module 6
La Fontaine artiste

Module 2, Abschnitt 2, und *Modules 3, 4* und *5* enthalten Texte und Medien, die nach dem exemplarischen Prinzip ausgewählt sind. An ihnen können die Schülerinnen und Schüler unterschiedliche Modifikationen herausarbeiten. Dass sich dabei verschiedene Strukturmerkmale wiederholen, weist sie in besonderem Maße als repräsentativ aus (z. B. das „vermittelte Bewusstsein" der *personnages).* Die Textfolge ist nicht chronologisch, ihre Progression besteht im Modernitätsgrad, wobei von der leicht zugänglichen Parodie von Jules Renard über Modifikationen des Strukturschemas bei Jean Anouilh und Jacques Prévert zu schwierigeren Texten (Henri Michaux) fortgeschritten werden kann.

In *Modules 1* und *2* sollen nach Erarbeitung des klassischen Grundmodells anhand der Fabel *Le corbeau et le renard* Parodien (literatur- wie bildbezogen) auf diese Fabel den Schülerinnen und Schülern einen Zugang zu modernen Modifikationen vermitteln. Die *Variante d'une fable universelle* von Jules Renard eignet sich besonders gut als Einstieg in die Moderne, da sie eine – leicht interpretierbare – Parodie auf die La Fontaine-Fabel darstellt. Die direkte

Bezugnahme auf die Vorlage (durch Wortlautkorrespondenzen, Situationsrahmen etc.) soll den Kursteilnehmern die Bedeutung des Traditionsbezuges verdeutlichen. Die folgenden feuilletonistischen und politischen Karikaturen erhellen den besonderen Stellenwert der Fabel im öffentlichen Bewusstsein Frankreichs und bieten Vorlagen für Eigenproduktionen der Schülerinnen und Schüler.

In *Module 3* bestimmt das parodistische Verfahren mit deutlicher Bezugnahme auf die klassische Vorlage auch die Anouilh'sche *Cigale*-Fabel, die den historischen Wandel in den ökonomischen Bedingungen des Künstlerberufes zeigt und Auswüchse moderner Musikvermarktung satirisiert (ebenso wie die *bande dessinée* von Gotlib). Aufgrund ihrer sehr ausgeprägten Typisierung eignet sich gerade die La Fontaine-Fabel *La cigale et la fourmi* sowohl für die Förderung der schriftlichen Textproduktion als auch zur Förderung der Interaktion auf Schülerseite: Texte können in unterschiedlichen Stilen formuliert werden, z. B. *faits divers, petites annonces, critique de la télé* etc.; in Diskussionen können die Schülerinnen und Schüler eine eigene oder ihnen zugedachte Rolle vertreten.

Werbeanzeigen mit Fabelanspielungen sind Grundlagen des Planspiels einer *agence de publicité* in *Module 4* mit Analyse (Bild/Text), Qualitätsdiskussion, Einschätzung der Werbewirksamkeit, Präsentation und Bewertung. Dem Vergleich französischer und deutscher Werbestrategien kommt dabei besondere Bedeutung im Rahmen interkultureller Reflexion zu.

In *Module 5* werden die Schülerinnen und Schüler mit Texten konfrontiert, die stark die Lesererwartung durchbrechen und somit die Eigentätigkeit der Schülerinnen und Schüler provozieren, z. B. durch produktive Arbeit mit Titeln oder das Umschreiben der Texte. Bei der Prévert-Fabel *Le chat et l'oiseau* sind *récit* und *moralité* sarkastisch aufeinander bezogen. Der in den *Fables des origines* veröffentlichte Michaux-Text *La fourmi à l'étoile* thematisiert ebenfalls die Tier-Mensch-Beziehung, stellt die Frage nach der *existence humaine* und durchbricht die Lesererwartung durch die Offenheit seiner Moral.

Im Folgenden werden die Module in einer schematischen Übersicht dargestellt.

Module 1	Petite fabrique des fables	La Fontaine à la recherche d'une intrigue (Chaval)	structure dramatique, personnages, récit-moralité-sens moral, transposition
		Les animaux et les hommes: le bestiaire des fables	relation animal-homme, caractère des animaux
Module 2	La fable – hier et aujourd'hui	Le corbeau et le renard (La Fontaine)	Modèle classique
		Variante d'une fable universelle (J. Renard)	Modifications modernes: parodie, fonction des personnages, conscience de la fable classique
		Caricature (P. Rosado)	La fable dans la caricature
		Deux caricatures politiques	La fonction de la fable dans la caricature politique
		Corbal & Glossfilou	Approche créative
Module 3	La parodie de la fable classique	La cigale et la fourmi (La Fontaine)	Les caractères opposés
		La cigale (J. Anouilh)	Parodie, fonction des personnages, conscience de la fable classique, éléments comiques
		La cigale et la fourmi (Gotlib)	La fable dans la bande dessinée, éléments comiques
		Faits divers	Parodie, effets comiques Approche créative

Module 4	**La fable dans la publicité**	Quatre publicités	Fonctions différentes de la fable dans la publicité: tradition, types, parodie La publicité en France et en Allemagne Approche créative
Module 5	**Fable et conte, mythe et réalité**	Le chat et l'oiseau (J. Prévert)	Mode de vie Moralité cynique/sarcastique Conte/anti-conte
		La fourmi à l'étoile (H. Michaux)	Homme – animal Existence humaine Fin ouverte, parabole Approche créative
Module 6	**La Fontaine artiste – la satire des mœurs au 17e siècle**	A Monseigneur le Dauphin (La Fontaine)	L'art poétique de La Fontaine
		Le coq et le renard (La Fontaine)	La satire des courtisans
		Le chien, le coq et le renard (Perrault)	Analyse comparée: Dénouement heureux vs. dénouement sanglant L'art d'amuser de La Fontaine: les procédés comiques La Fontaine et la vie littéraire sous l'absolutisme

Petite fabrique des fables

1.1 La Fontaine à la recherche d'une intrigue

Die Gattung Fabel ist den Schülerinnen und Schülern aus dem Deutschunterricht der Sekundarstufe I bekannt. Auch Französischlehrbücher der Spracherwerbsstufe beinhalten bereits leichte Prosafabeln als *textes fabriqués* (z. B. *À Plus! 1*, Cornelsen 2004, p. 98: *La Cigale et la Fourmi*). In diesem ersten Modul geht es darum, dass die Schülerinnen und Schüler – unter Reaktivierung allgemeiner Vorkenntnisse – über die Produktion einer einfachen, in der Regel in Prosa verfassten Fabel zur Kenntnis der „Fabrikationsmuster" von Fabeln gelangen.

Ausgegangen wird von der motivierenden Chaval-Karikatur *(Page à copier 1)*, die zunächst von den Kursteilnehmern beschrieben werden soll.

> Décrivez la caricature de Chaval.

Der *fabuliste* La Fontaine (im höfischen „outfit" des 17. Jahrhunderts) sitzt vor den statischen Elementen *corbeau, renard, fromage,* die darauf zu warten scheinen, von ihm als Aktanten eines *récit* aktiviert zu werden.

> Dans quelle situation La Fontaine se trouve-t-il?

Er sucht nach einem Handlungsstrang, der diese Elemente verbindet. La Fontaine befindet sich also in einer ähnlichen Situation wie die Schülerinnen und Schüler, die nun eine Fabel mit diesen Elementen erfinden sollen.

Da diese Fabel eine der bekanntesten ist, werden sich viele Schülerbeispiele vom Grundmuster her ähneln, im Detail aber individuelle Unterschiede aufweisen.

Nach dem Vorlesen einiger Schülertexte wird der Schreibvorgang reflektiert:

> Quelles sont les étapes de la construction d'une fable?

1. Zunächst geht es darum, die Tiere zu charakterisieren und einen Titel zu finden.
Der Fuchs wird traditionell als *personnage rusé* charakterisiert, der Rabe als Opponent, der Käse dient als *bien souhaité* (Begriff der *dramaturgie classique).*
Der Titel setzt die Protagonisten in Relation zueinander.

Une caricature de Chaval

Mettez-vous à la place du fabuliste La Fontaine et écrivez une fable.

_____

_____

_____

_____

_____

_____

_____

_____

_____

_____

_____

_____

_____

_____

_____

_____

Das dramatische Grundmuster, die *intrigue*, lässt sich wie folgt beschreiben:

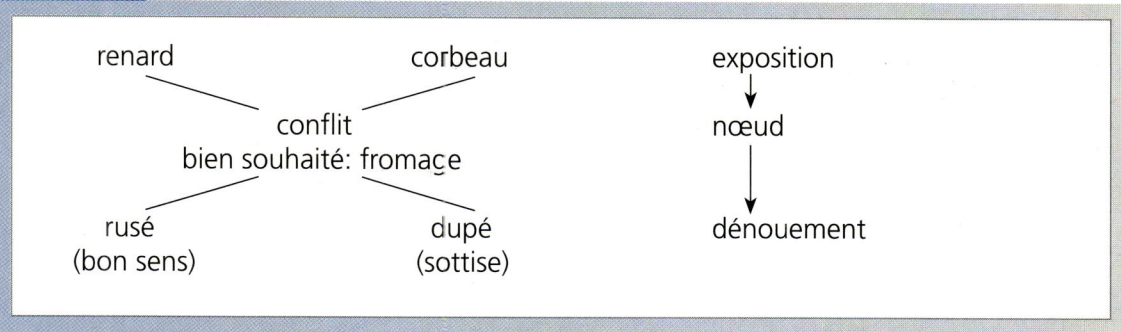

renard   corbeau   exposition
conflit   ↓
bien souhaité: fromage   nœud
↓
rusé   dupé   dénouement
(bon sens)   (sottise)

2. Als nächster Baustein der *construction d'une fable* steht die Erkenntnis, dass der Autor einen *sens moral* transportieren will, den er häufig in einer *moralité* am Ende der Fabel explizit formuliert.

Auf die Chaval-Karikatur bezogen bedeutet dies, dass La Fontaine, der sowohl *personnages* als auch das *bien souhaité* vor sich sieht, vom *sens moral* ausgehend einen *récit* schreibt, in dem die Tiere agieren. Das *dénouement* ist dann von der *sens moral*-Intention abhängig. Anschließend werden *récit* und *moralité/sens moral* noch einmal gegenübergestellt:

récit	**moralité** (explicite) **sens moral** (implicite)
monde des animaux	----------------------- monde des hommes
événement fictif	----------------------- abstraction, généralisation
«menteur»	----------------------- «véritable»

La Fontaine-Zitat: „... cette fable dont le récit est menteur et le sens est véritable." (V, 10, v. 7–9)

Verschiedene Möglichkeiten, den *sens moral* zu formulieren, können im Rückgriff auf die Schülerfassungen herausgestellt werden:

Comment formuler la moralité

- Le sens moral est exprimé par l'auteur.
- Le personnage principal tire la leçon.
- La moralité est absente.

Am Ende der Unterrichtseinheit wird noch einmal abschließend auf die Chaval-Karikatur zurückgegriffen:

 Cette situation présente-t-elle un trait comique? Expliquez votre jugement.

Die Komik resultiert insbesondere aus dem realen, statischen Vorhandensein der Fabelelemente, zum anderen kontrastiert die Ratlosigkeit La Fontaines mit der allgemeinen Bekanntheit „seiner" Fabel.

1.2 Les animaux et les hommes: le bestiaire de la fable

Die Tiere der Fabel *(monde des animaux)* stehen mit den ihnen zugeschriebenen Charakteren prototypisch für menschliche Charaktere und Verhaltensweisen *(monde des hommes).* Dabei bleibt offen, ob die Fabeltiere als als Tiere verkleidete Menschen oder – wie Jean Giraudoux pointierend meint – als als Menschen verkleidete Tiere gelten können: *„Les fables ne nous montrent pas des hommes portant des masques de bêtes, mais le contraire."* (cf. die Collage von Jacques Prévert auf Seite 3).

 Als Übung zur Sensibilisierung für das traditionell weitgehend vorgeformte Typenschema der Fabel (Perspektive: *peinture de la nature humaine*) sollen die Kursteilnehmer die Charaktereigenschaften einiger Tiere benennen und dazu die *Page à copier 2* ausfüllen: *Traits de caractères attribués à un animal.*

Eine weitere Funktion dieser Übung ist die Reaktivierung und Erweiterung dieses für Fabelanalysen zentralen Wortfeldes.

Lösungen zu *Page à copier 2:*

1. Traits de caractère attribués à un animal

animaux	adjectivs	substantifs
le renard	rusé, prudent	la ruse, la prudence
le lion	puissant, fier	la puissance, la fierté
le loup	cruel, méchant	la cruauté, la méchanceté
l'agneau (m)	naïf, innocent	la naïveté, l'innocence (f)
la fourmi	économe, prévoyante	l'économie (f), la prévoyance
la souris	curieuse, agile	la curiosité, l'agilité (f)
l'âne (m)	bête, têtu	la bêtise, l'entêtement (m)
le lapin	craintif, stupide	la crainte, la stupidité
le paon	vaniteux, orgueilleux	la vanité, l'orgueil (m)

2.
hurler avec les **loups**	mit den Wölfen heulen
avoir une faim de **loup**	einen Bärenhunger haben
se parer des plumes du **paon**	sich mit fremden Federn schmücken
prendre la part du **lion**	den Löwenanteil nehmen
le chat parti, les **souris** dansent	Ist die Katze aus dem Haus, tanzen die Mäuse (auf den Tischen).

Als vertiefende Aufgabe bietet sich an:

Cherchez dans un dictionnaire d'autres expressions fréquentes utilisant des noms d'animaux.

Besonders geeignet ist das *Dictionnaire de français (Larousse)*, das viele Redewendungen enthält (Cornelsen 2000), oder die *Proverbes*-Liste im *Petit Larousse.* Hier lassen sich z. B. *courageux comme un lion, marcher à pas de tortue* finden.

Les traits de caractère des animaux

1. Caractérisez les animaux à l'aide de deux adjectifs choisis dans la liste suivante et trouvez les substantifs correspondant à chaque adjectif.
agile – bête – craintif – cruel – curieux – économe – fier – innocent – méchant – naïf – orgueilleux – prévoyant – prudent – puissant – rusé – stupide – têtu – vaniteux

Traits de caractère attribués à un animal

animaux	adjectifs	substantifs
le renard		
le lion		
le loup		
l'agneau (m)		
la fourmi		
la souris		
l'âne (m)		
le lapin		
le paon		

2. Certains animaux apparaissent dans des locutions ou des proverbes. Lesquels? Trouvez aussi les expressions allemandes correspondantes.

hurler avec les …

avoir une faim de …

se parer des plumes du …

prendre la part du …

le chat parti, les …… dansent

La Fable –
hier et aujourd'hui

2.1 La Fontaine: *Le corbeau et le renard*

Ziel dieses Moduls ist ein reflektiertes Verständnis von klassischen und modernen Fabeln auf der Folie eigener Fabelproduktion. Eine Vertiefung der „höfischen" La Fontaine-Fabel ist in *Module 6* vorgesehen.

Zunächst geht es aber um einen Vergleich der eigenen Produktion und der La Fontaine-Fabel (*Page à copier 3*).

   Comparez la fable de La Fontaine à celle que vous avez rédigée.

Dabei soll neben der Parallelität im dramatischen *personnages*-Muster das La Fontaine'sche *égayer*-Prinzip verdeutlicht werden. Dies kann je nach Kurstyp (GK oder LK) und didaktischer Intention unterschiedlich differenziert geschehen.

Ein kurzes Referat zur Biografie La Fontaines unter Einbeziehung des Internets könnte sich anschließen: www.Lafontaine.net

Das La Fontaine'sche *égayer*-Prinzip findet zunächst seinen Ausdruck in der versifizierten Fabelform.

Die ersten vier Verse von *Le corbeau et le renard* bilden die *exposition*, markiert durch *rimes croisées*; je ein *décasyllabe*, gefolgt von einem *octosyllabe*, stellen die Kontrahenten vor: den würdigen *Maître corbeau* und den listigen *Maître renard*. Ab v. 5 folgt bis v. 9 der *nœud*, in dem der Fuchs in gewählter Sprache dem Raben schmeichelt, um an dessen Käse zu kommen.

Dieser Textteil eignet sich besonders gut für eine Untersuchung der La Fontaine'schen Technik.

   Par quels procédés La Fontaine montre-t-il que le renard connaît parfaitement l'art de flatter (vocabulaire, mètre, rythme, sonorités)?

In v. 9, einem ausgewogenen Alexandriner (jeder Halbvers [*hémistiche*] weist den gleichen getragenen Rhythmus auf), werden die anderen Tiere des Waldes in preziöser Sprache als „*hôtes de ces bois*" bezeichnet, der Rabe selbst als zukünftiger „*phénix*". Die reichen Reime (*rimes riches*) „*corbeau/beau*", „*ramage*"/„*plumage*" und die Häufung der dunklen Vokale /a/ und /o/ unterstreichen die höfisch gewählte Sprache des Fuchses.

Dénouement (ab v. 10) und Formulierung der *moralité* durch den Fuchs (v. 13–16) gehen ineinander über.

La Fontaine: *Le corbeau et le renard*

Maître corbeau, sur un arbre perché,
Tenait en son bec un fromage.
Maître renard, par l'odeur alléché,
Lui tint à peu près ce langage:
5 «Hé bonjour, Monsieur du corbeau,
Que vous êtes joli! que vous me semblez beau!
Sans mentir, si votre ramage
Se rapporte à votre plumage
Vous êtes le phénix des hôtes de ces bois.»
10 A ces mots le corbeau ne se sent pas de joie;
Et pour montrer sa belle voix,
Il ouvre un large bec, laisse tomber sa proie.
Le renard s'en saisit, et dit: «Mon bon monsieur,
Apprenez que tout flatteur
15 Vit aux dépens de celui qui l'écoute.
Cette leçon vaut bien un fromage sans doute.»
Le corbeau, honteux et confus,
Jura, mais un peu tard, qu'on ne l'y prendrait plus.

Jean de la Fontaine, Le corbeau et le renard (I,2). Dans: Fables choisies mises en vers.
Ed. Georges Couton, Paris: Garnier 1962

Maître titre honorifique que l'on donne aux notables bourgeois (avocats, notaires, magistrats etc.)
perché assis sur une haute branche
Maître renard autre sens: le renard est passé maître dans l'art de la ruse
alléché attiré, mis en appétit
le ramage le chant des oiseaux
se rapporter à correspondre à
le phénix oiseau fabuleux qui renaissait de ses cendres; ici: être extraordinaire
les hôtes ici: les habitants

aux dépens de aux frais de

prendre ici: tromper

Der geschmeichelte Rabe lässt prompt das Stück Käse fallen. So kann der Fuchs die *leçon* (*moralité*) für den Düpierten formulieren: „*tout flatteur/ Vit aux dépens de celui qui l'écoute*" (v. 14/15). Oder als *sens moral* für den Leser formuliert: Vorsicht vor den Schmeichlern! Die beiden letzten Verse (17/18) erscheinen wie ein Reflex des Raben auf die Lehre des Fuchses: Er schwört, sich nicht wieder hereinlegen zu lassen, ein Satz, bei dem die meisten modernen Parodien ansetzen werden.

Die Diskussion der Schüler über den *sens moral* beschließt den ersten Teil dieses Moduls.

  Discutez le sens moral de la fable et comparez-le au sens moral de votre fable.

2.2 Jules Renard: *Variante d'une fable universelle*

  Commentez le titre de la fable de Jules Renard.

Jules Renards *Variante d'une fable universelle (Page à copier 4)* ist als Einstieg in die Moderne besonders geeignet, da sie eine – leicht interpretierbare – Parodie auf die allgemein bekannte „*fable universelle*" La Fontaines: *Le corbeau et le renard* darstellt. Der anachronistische Zug, den ein Wiederaufgreifen der traditionellen Fabelform heute notwendigerweise hat, wird hier bewusst eingesetzt, nämlich zur Kontrastierung eines veränderten Gehaltes mit dieser Form. Im Zusammenhang mit einer solchen ironischen Verfremdung steht die Satirisierung des expliziten Inhalts.

  Comparez la fable de Jules Renard avec celle de La Fontaine.

Beide *personnages* dieser Prosafabel verfügen über ein ‚vermitteltes Bewusstsein', d. h. sie sind sich der Situation der La Fontaine-Fabel bewusst; das zeigen sie durch verschiedene Wortlautkorrespondenzen. Entscheidend ist der Funktionswandel der *personnages:* Der Fuchs ist hier der Düpierte, weil er glaubt, La Fontaine'sche Wahrheiten auch heute noch genauso anwenden zu können, wie dies der La Fontaine'sche Fuchs tat. Der *corbeau* dagegen hat aus der La Fontaine-Fabel gelernt und bleibt daher diesmal Sieger; insofern wird das klassische *personnage*-Schema modifiziert (*renard: dupé*).

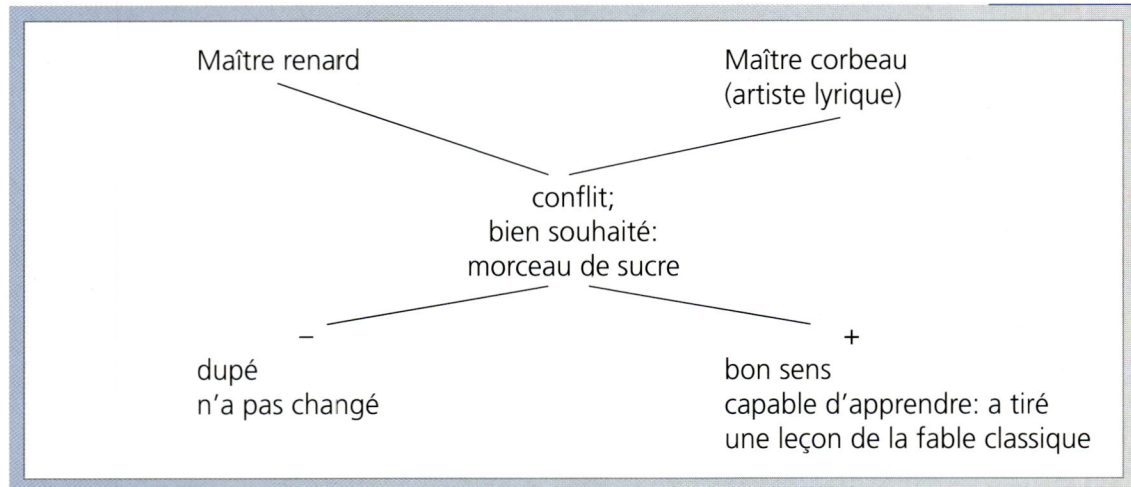

Im zweiten Teil der Fabel (ab Zeile 10) versucht nun aber der Fuchs, seine Niederlage zu kaschieren, indem er dem krächzenden Raben zuhört, ihm sogar akklamiert und so doch noch seine Haltung bewahrt.

Jules Renard: *Variante d'une fable universelle*

Maître corbeau, artiste lyrique, tenait en son bec un morceau
de sucre: c'est moins gênant qu'un fromage.
Maître renard lui dit textuellement: «Hé! Bonjour,
Monsieur du …
5 – Je devine, dit le corbeau. Vous voulez une petite chanson;
je ne suis pas de ceux qui se font prier.»
Et il chanta: «Quoi! Quoi! …»
Mais il avait d'abord pris la précaution d'avaler son morceau
de sucre.
10 Le renard, par orgueil, feignit de ne pas s'en être aperçu.   **feindre** simuler
«Bravo, dit-il- très joli!
– C'est la vieille chanson de mes pères, dit le corbeau.
Voici maintenant une nouveauté!»
Et il recommença: «Quoi! Quoi! Quoi! …
15 – Bien! Bien! dit le renard, c'est exquis, une autre!»
Et, battant la mesure avec sa queue vexée, il eut le courage   **la mesure** rythme
d'avaler, lui, sans un morceau de sucre, une heure de   **vexé** humilié, blessé dans
musique.   son amour-propre

Jules Renard, Variante d'une fable universelle (1914). Dans: Œuvres, Vol. II, Ed. Léon Guichard, Paris: © Editions GALLIMARD Flammarion,
Bibliothèque de la Pléiade 1971

2.3 La fable dans la caricature

2.3.1 La caricature de Puig Rosado

Die Karikatur von Puig Rosado (*Page à copier 5*) parodiert ebenfalls die klassische Vorlage. Auch hier hat der Rabe scheinbar aus der La Fontaine-Fabel gelernt und möchte nun seine Erkenntnisse („Füchse essen gern Käse") kommerzialisieren. Als Käse-Verkäufer bleibt er jedoch erfolglos, da der Fuchs sich von diesem Angebot unbeeindruckt zeigt (er geht eher naserümpfend vorbei). Dieses Angebot ist unter seiner Würde, er entzieht sich der Kommerzialisierung und lässt den Raben – wieder einmal – als Düpierten zurück.

  A quelle fin Puig Rosado s'est-il servi du genre traditionnel de la fable?

Der Text von Jules Renard und die Karikatur von Puig Rosado weisen ein Charakteristikum auf, das für viele moderne Fabeladaptationen typisch ist: Die *personnages* sind sich der klassischen Fabelsituation bewusst. Dieses Verfahren macht parodistische Verfremdung möglich und hat einen *effet comique* zur Folge. Gleichzeitig kann das ‚vermittelte Bewusstsein' als kritische Reflexion der Tradition gedeutet werden.

Die Definition der Begriffe *parodie* und *caricature* schließt die Erarbeitung ab.

La parodie

Imitation burlesque/comique d'une œuvre sérieuse. Elle nécessite, pour être comprise et appréciée, une bonne connaissance de l'œuvre parodiée. C'est pourquoi elle porte la plupart du temps sur des œuvres familières au lecteur.
La parodie produit un effet comique pouvant aller jusqu'à une véritable satire. Elle traduit chez un auteur une remarquable maîtrise du langage et un goût prononcé pour le jeu. Elle a une valeur caricaturale.

La caricature

1° Dessin, peinture qui, par le trait, le choix des détails, accentue ou révèle certains aspects ridicules.

2° Description comique ou satirique, par l'accentuation de certains traits.

Une caricature de Puig Rosado

2.3.2 La fable dans la caricature politique d'hier et d'aujourd'hui

Die Tatsache, dass die französische Presse immer wieder auf die La Fontaine'sche Fabel als allgemeines und allgemeinverständliches Kulturgut zurückgreift, um aktuelle politische Inhalte zu transportieren, zeigt den hohen Gebrauchswert der Gattung Fabel im Alltagsleben. Um zu zeigen, dass dies nicht nur ein aktuelles, sondern auch bereits ein historisches Phänomen ist, sollen die Kursteilnehmer zwei – hundertsiebzig Jahre (!) auseinanderliegende – politische Karikaturen kennenlernen *(Page à copier 6)*. Jede der Karikaturen sollte dreischrittig behandelt werden:

1. Décrivez la caricature.

2. Trouvez les rapports entre la caricature et la fable de La Fontaine.

3. Quel est le sens moral de cette caricature?

Es bietet sich eine arbeitsteilige Gruppenarbeit an, wobei die jeweilige Gruppe in der Folge ihrer Überlegungen zum eigenen methodischen Vorgehen Informationen zu den politischen Protagonisten Louis-Philippe und Sarkozy einholt (Informationen zu Nicolas Sarkozy finden sich im Internet unter „Union pour un Mouvement Populaire" [UMP]: www.u-m-p.fr).

In der Zeitschrift *La Caricature* erschien am 17.7.1834 eine Karikatur von Traviès, die sich unserer La Fontaine-Fabel als Vorlage bediente und die Bestechung der Abgeordneten durch Louis-Philippe deutlich macht.
le renard = le roi Louis-Philippe
les corbeaux = les députés qui se réunissaient au Palais Bourbon (à l'arrière-plan)
Die Mitglieder der Abgeordnetenkammer sind als menschenköpfige Raben dargestellt, die in ihren Schnäbeln weiße Zettel mit der Aufschrift *Vote* tragen. Vor ihnen steht Louis-Philippe als Fuchs in menschlicher Kleidung. Über seinem rechten Arm hängt ein mit Orden, Epauletten, Schriftstücken etc. bis zum Rand gefüllter Korb, in seiner ausgestreckten linken Hand hält er einen Geldbeutel.
Die Karikatur geißelt die Bestechungsversuche unter Louis-Philippe, der hier mit seinen Gaben die Stimmen der Abgeordneten bei parlamentarischen Entscheidungen gewinnen und damit einen ungesetzlichen Einfluss auf die Kammer erreichen will.

In der Sarkozy-Karikatur vom 14.12.2004 *(Le Monde)* finden wir Jacques Chirac mit der Präsidentschaft in Form eines *fromage* als *bien souhaité* und Nicolas Sarkozy als potenziellen Präsidentschaftsanwärter. Der politische Kontext:
Solidement installé à la tête du mouvement chiraquien UMP, l'ancien ministre cherche à éviter le piège de l'enfermement en cultivant un profil d'homme d'Etat et une stature internationale. Il se rend en Israël mardi 14 décembre et annonce bien d'autres voyages, en France et à l'étranger.
(Le Monde, 14/12/2004)

Deux caricatures politiques

Traviès: Le renard et les corbeaux (La Caricature, 1834)

A l'UMP, M. Sarkozy se pose en président au-dessus du parti (Le Monde, 2004)

2.4 Approche créative

 Bereits am Ende des zweiten Moduls könnte der Lerngruppe Gelegenheit gegeben werden, selbst Texte, Karikaturen, Collagen, Fotoserien, Comics etc. zu produzieren vor dem Hintergrund ihrer Kenntnisse gattungsspezifischer Strukturen.

Die als Poster veröffentlichte Fabelparodie von Robert Sulpice *(Page à copier 7)* erscheint als *approche créative* sehr geeignet, da sie über ihren Comic-Charakter Vertextungsweisen im Bereich der Jugendliteratur aufnimmt.

Der Autor tritt hier in der Doppelrolle von *corbeau* (erkennbar an den hochgekämmten Haaren) und *renard* (erkennbar an den zu den Seiten gekämmten, die Fuchsohren symbolisierenden Haaren) auf. Der Comic-Charakter wird u. a. in den Sprechblasen sichtbar. Die Einheit der ersten drei Segmente *(nœud)* wird durch die jeweilige Opposition von Rabe und Fuchs gebildet, es folgt eine Einheit mit vier weiteren Segmenten *(dénouement 1),* die den düpierten Raben zeigen, gefolgt von zwei Segmenten *(dénouement 2)* mit dem zunächst frohlockenden, dann aber selbst hereingelegten Fuchs. Die Sentenz könnte lauten: *Tel est pris qui croyait prendre.*

Robert Sulpice: *Corbal & Glossfilou*

Le poster *Corbal & Glossfilou*

L'auteur du poster s'est servi de l'argot. Pour que vous puissiez mieux comprendre le texte original vous pourrez lire notre traduction en français courant (à droite).

Corbal & Glossfilou	Corbal et Grand Filou
C: Salut, c'est moi Corbal. J' va m'enfiler ce p'ti coulant pas dégeu …	Salut, c'est moi, Corbal. Je vais manger ce petit camembert coulant pas mauvais (pas dégeulasse).
G: Schnuffe Schnuffe. Ça sent la bonne zafaire. Moi glossfilou j'men va t'le berner vite fait.	… Cela sent la bonne affaire. Moi, grand filou, je vais vite l'avoir.
G: Oh! le beau zozio.	Oh le beau garçon!
C: Ce qu'il me flatte ce rampant!	Ce qu'il me flatte en rampant (étant humblement soumis)!
G: Si t'étais une fille je te ferais des petits.	Si tu étais une fille, je te ferais des petits.
C: Doux Jésus, un pédé!	Doux Jésus, c'est un pédé! (pédéraste = homosexuel)
C: Maman!	Maman!
Fromage: Tiens je chois!	Tiens, je tombe!
C: …?	…?
C: Grrr! Mon coulant … Y me l'a chouravé …	Mon camembert, il me l'a volé (chapardé) …
C: Que vais-je dire à ma vieille maman? Gnan chui honteux.	Que vais-je dire à ma vieille maman? Je suis honteux.
G: Z'avez vu les zaminches, un zeu d'enfant.	Vous avez vu, les amis, c'est un jeu d'enfant.
G: et Paf! Le camembert fou a encore frappé.	et Paf! Le camembert m'a trompé.

La parodie de la fable classique

3.1 La cigale et la fourmi

La cigale et la fourmi, von La Fontaine an den Anfang seiner Fabelsammlung gesetzt, ist die wohl bekannteste Fabel überhaupt – und damit auch die in Frankreich am häufigsten in Texten und Bildmedien zitierte und parodierte Fabel. Zu Beginn dieses *Module* soll die La Fontaine'sche Fabel als Referenztext analysiert werden, um auf dieser Basis die unterschiedlichen parodistischen Verfahren genau zu beschreiben, zu analysieren und zu bewerten. Am Ende können die Schülerinnen und Schüler vor dem Hintergrund ihrer erworbenen gattungsspezifischen Kenntnisse selbst Fabelparodien produzieren.

Nach der Lektüre der La Fontaine-Fabel *(Page à copier 8)* und der Formulierung von Ersteindrücken sollten Aufbau und Personenkonstellation besprochen werden.

1. Distinguez la composition de la fable.

2. Caractérisez les deux personnages.

Der Aufbau dieser – bis auf den Dreisilber des zweiten Verses – in Siebensilblern geschriebenen Fabel ist einfach. Eine explizite *moralité* fehlt, der *récit* lässt sich in drei Teile gliedern: Die *cigale* hat den ganzen Sommer über gesungen und steht nun, da der Winter hereinbricht, mit leeren Händen da *(exposition, v. 1–6)*. Sie wendet sich an die *fourmi,* ihre Nachbarin, um von ihr etwas Nahrung zu erhalten *(nœud, v. 7–14)*. Die Ameise weist sie jedoch höhnisch ab: „*Vous chantiez? J'en suis fort aise: / Et bien! Dansez maintenant.*" *(dénouement, v. 15–22)*. Die *cigale* wird hier als leichtlebig und uneigennützig („*à tout venant*", v. 19) charakterisiert, die *fourmi* als vorsorgend, aber hartherzig und zynisch.

| cigale | $\longrightarrow$ | légère, insouciante |
| fourmi | $\longrightarrow$ | prévoyante, avare, dure, cynique |

Eine Diskussion über die beiden Fabelcharaktere schließt sich an.

Welchen *sens moral* aber wollte La Fontaine selbst seiner Fabel unterlegen? Warum hat er keine *moralité* formuliert? Um diese Frage zu beantworten, ist es an den Schülerinnen und Schülern zu überlegen, wie man der La Fontaine'schen Intention näher kommen kann. Da La Fontaine auf antike Quellen zurückgegriffen hat, bietet es sich an, die **Äsop-Fabel vergleichend** zu betrachten *(Page à copier 9)*.

Äsop formuliert in seiner Fassung noch eine *moralité,* die man zunächst auch der La Fontaine-Version zugrunde legen könnte: „*Cette fable montre qu'il ne faut pas être négligent en quoi que ce soit, si l'on veut éviter le chagrin et les dangers.*"

Wer nicht arbeitet, nicht vorsorgt, soll auch nicht essen, das ist der *sens moral* der Äsop-Fabel. Dabei ist zu beachten, dass der Titel *La cigale et les fourmis* heißt, somit die gesell-

La Fontaine: *La cigale et la fourmi*

La cigale, ayant chanté
Tout l'été,
Se trouva fort dépourvue
Quand la bise fut venue:
5 Pas un seul petit morceau
De mouche ou de vermisseau.
Elle alla crier famine
Chez la fourmi sa voisine,
La priant de lui prêter
10 Quelque grain pour subsister
Jusqu'à la saison nouvelle.
«Je vous paierai, lui dit-elle,
Avant l'oût, foi d'animal,
Intérêt et principal.»
15 La fourmi n'est pas prêteuse:
C'est là son moindre défaut.
«Que faisiez-vous au temps chaud?
Dit-elle à cette emprunteuse.
– Nuit et jour à tout venant
20 Je chantais, ne vous déplaise.
– Vous chantiez? j'en suis fort aise:
Eh bien! dansez maintenant.»

dépourvu sans avoir de quoi vivre
la bise vent froid du nord en hiver

le vermisseau petit ver de terre

l'oût (m) orthographe encore courante au XVIIe siècle pour août
l'intérêt (m) la banque paye des intérêts à 3 % pour l'argent épargné
le principal capital

Jean de la Fontaine, La cigale et la fourmi (I, 1). Dans: Fables choisies mises en vers. Ed. Georges Couton, Paris: Garnier 1962

Esope: *La cigale et les fourmis*

Pendant l'hiver, leur blé étant humide, les fourmis le fai-
saient sécher. La cigale, mourant de faim, leur demanda de
la nourriture. Les fourmis lui répondirent: «Pourquoi, en été,
n'amassais-tu pas de quoi manger? – Je n'étais pas inactive,
₅ dit celle-ci, mais je chantais mélodieusement.» Les fourmis
se mirent à rire. «Eh bien, si en été tu chantais, maintenant
que c'est l'hiver, danse.» Cette fable montre qu'il ne faut
pas être négligent en quoi que ce soit, si l'on veut éviter le
chagrin et les dangers.

Comment La Fontaine a-t-il modifié la fable d'Esope qui lui a servi de modèle?

	Esope	La Fontaine
cigale		
fourmi		

_____

_____

_____

_____

_____

_____

_____

_____

_____

_____

_____

_____

_____

schaftliche Leistung konkreter Arbeit und Versorgung betont wird. Die Ameisen verkörpern also in dieser Fabel den positiven Wert der Arbeit.

Auch bei La Fontaine bleibt die *fourmi* gegenüber der *cigale* Sieger, und man könnte meinen, eine *moralité* sei zu banal und aus diesem Grunde weggelassen worden. Aber bei genauerem Vergleich ist doch festzustellen, dass La Fontaine seine *cigale* mit sympathischen Zügen ausstattet: *„Nuit et jour à tout venant/ Je chantais, ne vous déplaise"* (v. 19/20). Sie singt zum Vergnügen aller, steht damit in der Sympathie des Lesers besser da als die hartherzige *fourmi*. So scheint es, dass La Fontaine eine *moralité* aus dem Grunde nicht formuliert hat, um die Ambiguität dieser Fabel nicht aufzulösen zwischen dem Aufzeigen von Gefährdung durch Unbesorgtheit und der negativen Darstellung von Hartherzigkeit und Geiz.

	Esope	La Fontaine
cigale	négligente	légère, insouciante
fourmi	travailleuse(s)	prévoyante, avare, dure, cynique

Im Anschluss an die Erarbeitung bietet sich eine Diskussion über die von den Protagonisten dargestellten Charaktere an:

Pour qui avez-vous le plus de sympathie? Pourquoi?

Als **Hausaufgabe** kann die folgende Position Rousseaus schriftlich erörtert werden, der diese Fabel als für die Kindererziehung nicht geeignet einschätzt (Fabel als Mittel der Erziehung und Bildung im 18. Jahrhundert):

Vous croyez leur [aux enfants] donner la cigale pour exemple: et point du tout, c'est la fourmi qu'ils choisiront. On n'aime point à s'humilier, ils prendront toujours le beau rôle; c'est le choix de l'amour-propre, c'est un choix très naturel. Or, quelle horrible leçon pour l'enfance! Le plus odieux de tous les monstres serait un enfant avare et dur, qui saurait ce qu'on lui demande et ce qu'il refuse. La fourmi fait plus encore, elle lui apprend à railler dans ses refus. (Jean-Jacques Rousseau: Emile ou l'éducation, 1762)

3.2 Jean Anouilh: *La cigale* (parodie)

Das zentrale Moment dieses Abschnitts ist der Vergleich der Texte von La Fontaine und von Anouilh *(Page à copier 10)*.

Den Schülerinnen und Schülern soll in Partnerarbeit Gelegenheit gegeben werden, diese moderne parodistische Fabel von Anouilh anhand von Leitfragen mit der La Fontaine'schen Vorlage zu vergleichen.

1. Quelle est la relation entre la fable d'Anouilh et celle de La Fontaine?

2. Dégagez la composition de la fable d'Anouilh.

3. Caractérisez les deux personnages.

4. Commentez le titre.

5. S'agit-il d'une fable moderne? Justifiez votre opinion.

Jean Anouilh: *La cigale*

La cigale ayant chanté
Tout l'été,
Dans maints casinos, maintes boîtes,
Se trouva fort bien pourvue
5 Quand la bise fut venue.
Elle en avait à gauche, elle en avait à droite,
Dans plusieurs établissements,
Restait à assurer un fécond placement.

Elle alla trouver un renard,
10 Spécialisé dans les prêts hypothécaires
Qui, la voyant entrer l'œil noyé sous le fard,
Tout enfantine et minaudière,
Crut qu'il tenait la bonne affaire.
«Madame, lui dit-il, j'ai le plus grand respect
15 Pour votre art et pour les artistes.
L'argent, hélas! n'est qu'un aspect
Bien trivial, je dirais bien triste,
Si nous n'en avions tous besoin,
De la condition humaine.
20 L'argent réclame des soins.
Il ne doit pourtant pas devenir une gêne.
A d'autres qui n'ont pas vos dons de poésie
Vous qui planez, laissez, laissez le rôle ingrat
De gérer vos économies,
25 A de trop bas calculs votre art s'étiolera.
Vous perdriez votre génie.
Signez donc ce petit blanc-seing
Et ne vous occupez de rien.»
Souriant avec bonhomie,
30 «Croyez, Madame, ajouta-t-il, je voudrais, moi,
Pouvoir, tout comme vous, ne sacrifier qu'aux muses!»

Il tendait son papier. «Je crois que l'on s'amuse»,
Lui dit la cigale, l'œil froid.
Le renard, tout sucre et tout miel,
35 Vit un regard d'acier briller sous le rimmel.

l'établissement (m) ici: banque
le placement ici: action de placer un capital

les prêts hypothécaires (m) *Geschäfte aus Hypothekendarlehen*
noyé ici: presque caché
le fard crème et poudre cosmétiques, rouge à lèvres etc.; syn.: maquillage
minaudier, ère avoir pris de manières affectées pour plaire

planer fig.: vivre dans une sphère supérieure

s'étioler s'affaiblir

le blanc-seing *Blankovollmacht*

le rimmel *Wimperntusche*

«Si j'ai frappé à votre porte,
Sachant le taux exorbitant que vous prenez,
    C'est que j'entends que la chose rapporte.
        Je sais votre taux d'intérêt.
40   C'est le mien. Vous l'augmenterez
Légèrement, pour trouver votre bénéfice.
        J'entends que mon tas d'or grossisse.
        J'ai un serpent pour avocat.
Il passera demain discuter du contrat.»
45   L'œil perdu, ayant vérifié son fard,
            Drapée avec élégance
        Dans une cape de renard
(Que le renard feignit de ne pas avoir vue),
        Elle précisa en sortant:
50 «Je veux que vous prêtiez aux pauvres seulement …»
(Ce dernier trait rendit au renard l'espérance.)
«Oui, conclut la cigale au sourire charmant,
        On dit qu'en cas de non-paiement
        D'une ou l'autre des échéances,
55 C'est eux dont on vend tout le plus facilement.»

    Maître renard qui se croyait cynique
S'inclina. Mais depuis, il apprend la musique.

Jean Anouilh, La cigale. Dans: Fables, Paris: Editions de la Table Ronde 1962

rapporter être profitable

le taux d'intérêt *Zinssatz*

l'échéance (f) somme à payer

In Anouilhs Parodie auf die La Fontaine-Vorlage fehlt die *fourmi* als *personnage*; im Zentrum steht also die charakterologische Wandlung der *cigale*. Anouilh rezipiert La Fontaine gleich von vornherein von der Künstlerproblematik her: Aus der ‚brotlosen' Sängerkunst des 17. Jahrhunderts ist dreihundert Jahre später eine Pfründe geworden *(„J'entends que mon tas d'or grossisse", v. 42).*

Die Gegenüberstellung der Eingangsverse macht die neuen ökonomischen Möglichkeiten

La Fontaine	Anouilh
La cigale, ayant chanté	La cigale, ayant chanté,
Tout l'été,	Tout l'été,
	Dans maints casinos, maints boîtes,
Se trouva fort dépourvue	Se trouva fort bien pourvue
Quand la bise fut venue	Quand la bise fut venue

der Künstler von vornherein deutlich:

Sang die La Fontaine'sche *cigale* noch *„pour tout le monde "*, ohne auf ihre Bezahlung zu achten, so tut es die Anouilh'sche *cigale* nur noch für viel Geld: Als Ergebnis stehen sich *„dépourvue "* und *„bien pourvue "* diametral gegenüber. Die *cigale* ist bei Anouilh sehr realitätsbezogen, vorausschauend, egoistisch; Haltungen, die die *fourmi* der La Fontaine'schen Vorlage repräsentierte. (Daher kann diese auch im Titel wegfallen.) Sie will ihren Überfluss noch weiter vermehren und wendet sich daher im zweiten Teil der Fabel (v. 9–31) an einen *renard („spécialisé dans les prêts hypothécaires", v. 10)*, der seinen fabelspezifischen Merkmalen alle Ehre macht: Mit List und Schmeichelei versucht er einen günstigen Abschluss für sich, schätzt die *cigale* aber, in der konventionellen Fabelideologie verharrend, falsch als naive Künstlerin ein *(„ne sacrifier qu'aux muses!", v. 31)*.

Im folgenden Teil erweist sich die *cigale* als selbst dem gerissenen Fuchs überlegen, auch an Zynismus: Sie will, dass man den Armen Geld leiht, denn diese lassen sich eher pfänden (was zu einem noch größeren Profit führt). So bleibt dem *renard* am Ende nur noch ein – ironisierter – Abgang (v. 56–57):

„Maître renard qui se croyait cynique,/S'inclina. Mais depuis, il apprend la musique."

Modern ist diese Fabel vor allem durch die Darstellung der veränderten sozio-ökonomischen Situation des Künstlers (modernes Vokabular) und den damit verbundenen Wandel der *personnages*-Funktion. Der *renard* nimmt dagegen irrtümlich eine Charakterkonstanz bei der *cigale* an (ähnlich wie bei den Parodien von *Le corbeau et le renard*).

Nach der Vorstellung der Ergebnisse bietet sich eine Diskussion über heutige Popstars an.

> Comment jugez-vous les transformations socio-économiques du métier d'artiste à partir de la comparaison de ces deux fables?

Zur Illustration der Differenz lassen sich die Gravur von Gustave Doré zur Fabel La Fontaines dem Foto eines Popstars (hier: Patricia Kaas) gegenüberstellen *(Page à copier 11)*.

Comparaison

Gravure de Gustave Doré (1867)

Patricia Kaas

3.3 Fable et bande dessinée

Die Arbeit mit Fabeln im Unterricht hat gezeigt, dass Schülerinnen und Schüler gern eine *bande dessinée* lesen und auch produzieren. Die Parodie, die Gotlib vorlegt (*„inspirée de l'œuvre du célèbre auteur comique Jean de la Fontaine"*), eignet sich sowohl zur Lektüre als auch als Beispiel für Eigenproduktionen (*Page à copier 12*).
Folgende Fragestellungen können bearbeitet werden:

1. Donnez un résumé de la fable de Gotlib.

2. Comparez-la avec la fable classique de La Fontaine.

3. Est-ce que la réalisation picturale vous plaît? Expliquez votre jugement.

Die *cigale* wird wieder als *artiste* und *chanteuse* vorgestellt: Sie unterhält die *„dames du grand monde"* und führt *„une vie de bohème"*. Ein Singverbot bringt sie jedoch in erhebliche, zunächst aussichtslose Schwierigkeiten, aus denen sie mithilfe eines Managers *(la mouche)* und eines im Hintergrund agierenden *producteur du spectacle (la fourmi)* gut herauszukommen scheint. Sie wird allerdings – als naive Künstlerin (Gegensatz zur Anouilh'schen *cigale*) – von den beiden über den Tisch gezogen, sodass ihr nur 10 % der Tantiemen bleiben.
Der Text ist reich an Anspielungen auf die La Fontaine'sche Vorlage *(fourmi: „Ça devient une manie depuis La Fontaine")* und arbeitet die beiden Protagonisten überzeugend heraus.

Im Rahmen eines fachübergreifenden Projektes oder als Einzelauftrag an interessierte Schülerinnen und Schüler kann die Erstellung eines Fabel-Comics angeregt werden. In der Regel wurden bereits im Kunstunterricht die wichtigsten bildsprachlichen Elemente des Comics systematisch entwickelt, insbesondere der Aufbau einer Comicseite sowie des Einzelbildes, die Schrifttypen in den Sprechblasen *(bulles)*, die Einstellungsgröße und -perspektive. Letztere sind auch aus der Filmanalyse bekannt oder können an dieser Stelle knapp eingeführt oder reaktiviert werden.

Le plan

le gros plan	vue de détail (sur le visage, un objet etc.)
le plan rapproché	le buste et le visage du personnage
le plan moyen	le personnage en entier
le plan d'ensemble	vue générale du personnage et du lieu

La perspective

la perspective neutre	prise de vue à la même hauteur que la personne ou l'objet (Normalsicht)
la plongée	prise de vue vers le bas (Vogelperspektive)
la contre-plongée	prise de vue vers le haut (Froschperspektive)

Gotlib: *La cigale et la fourmi*

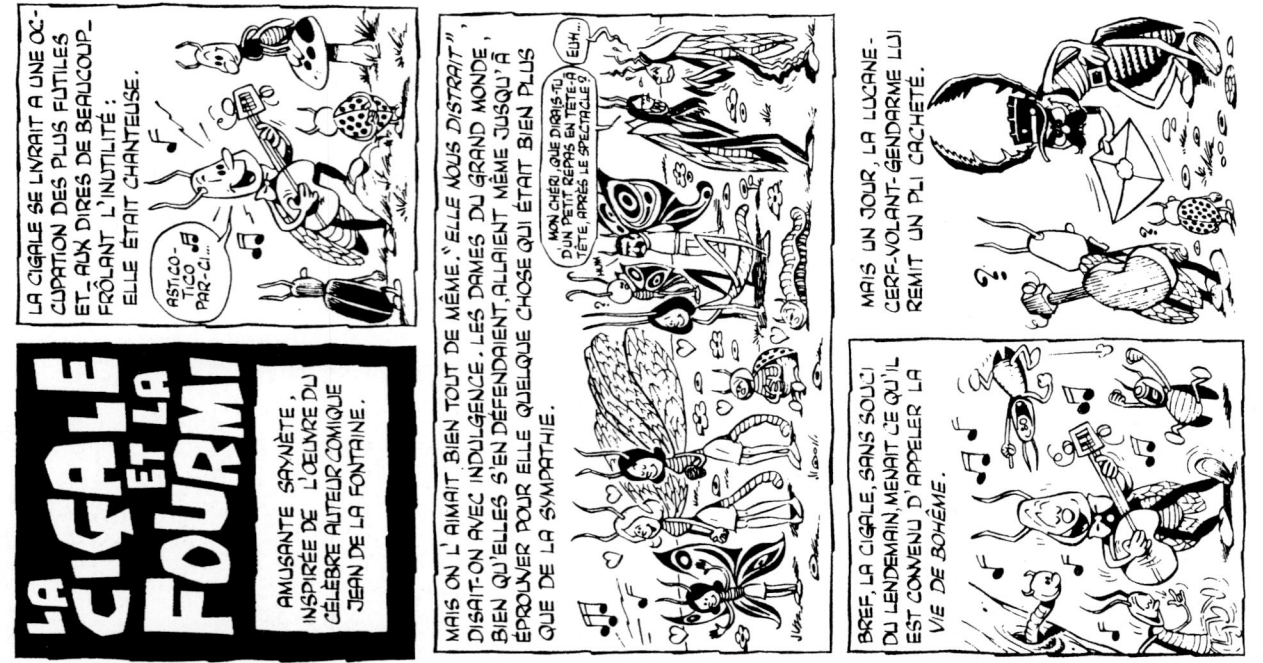

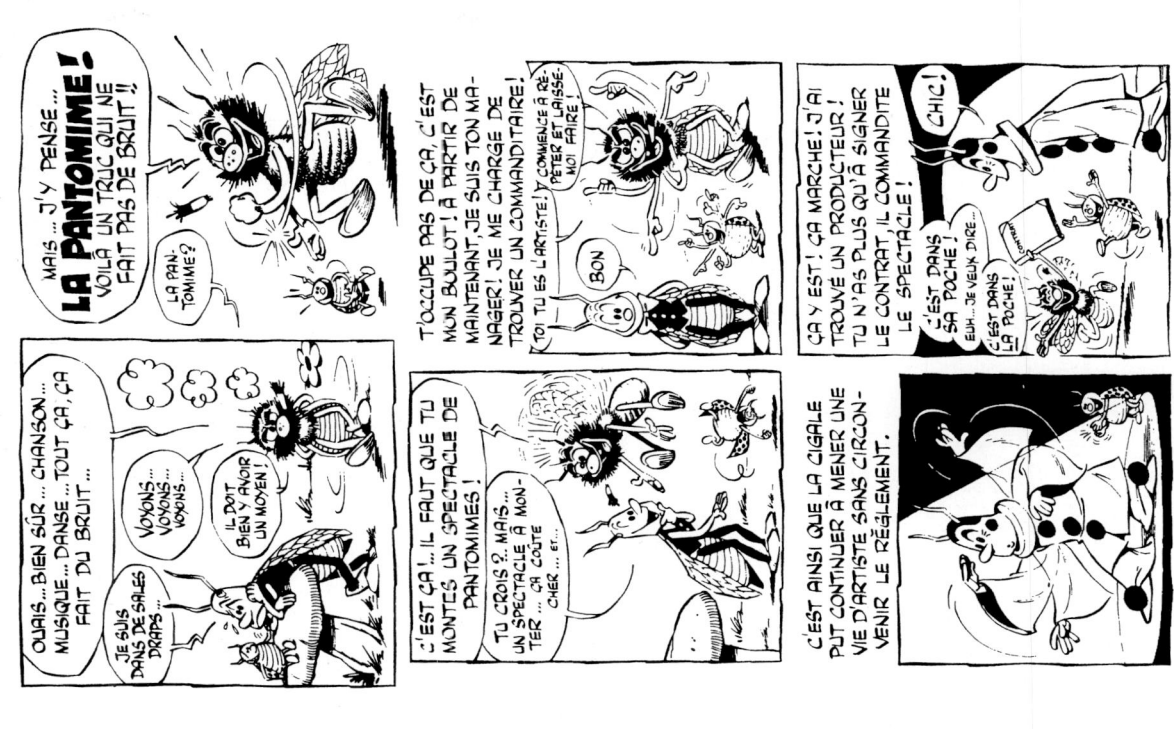

4

3

Vocabulaire

1 **la saynète** petite pièce comique, très courte, à deux ou trois personnages; syn. sketch
la lucane/le cerf-volant *Hirschkäfer*

2 **dorénavant** à partir de maintenant
la tuile (fam.) la catastrophe
fainéanter ne rien faire
la fainéantise syn. paresse
brailler crier, pleurer
l'ineptie (f) grande bêtise

3 **se retrouver sur la paille** (fam.) être ruiné
le bousier *Mistkäfer* (la bouse de vache – *Kuhfladen*)
la brindille petite branche
le pétrin (fam.) situation pénible dont on sort difficilement
tonton (fam.) oncle
dépanner qn (fam.) lui rendre un service
la reconversion action d'adapter qn à un métier différent

4 **le boulot** (pop.) travail
le commanditaire *Geldgeber*
circonvenir agir avec ruse pour parvenir à ses fins

5 **veinard** (fam.) qui a de la chance
en avoir bien bavé (pop.) s'être donné beaucoup de peine
manger de la vache enragé (pop.) vivre dans les privations, faute d'argent
l'embarras (m) difficulté
faire bisquer qn (fam.) faire enrager qn

6 **c'est pas demain la veille** (fam.) cela ne se produira pas de sitôt

3.4 La parodie de la presse: faits divers

Parodistische Beispiele für den Umgang mit der Fabel liefern auch die folgenden fiktiven *faits divers,* wie man sie (allerdings in der Regel in nicht satirisierender Absicht) in *quotidiens* und *hebdos* findet. Unsere drei Beispiele wurden dem empfehlenswerten Band *La cigale et la fourmi – 30 versions inédites* (Paris: Editions Safrat 1989) entnommen.

Die einzelnen Texte können zunächst von den Schülerinnen und Schülern in Gruppen- oder Partnerarbeit analysiert werden und dann als Vorlage für eine Ausgestaltung dienen.

Reviens! Pardonne-moi! (Ici Paris)

Page à copier 13

Das *couple vedette,* findet es wieder zusammen? Hier sollen die Schülerinnen und Schüler die Geschichte der *séparation* und der *réconciliation* erfinden.

Le courrier des lectrices (femmes d'aujourd'hui)

Page à copier 14

Der Leserbrief in der Frauenzeitschrift *femmes d'aujourd'hui* nimmt die Fabelerzählung parodistisch als Partnerschaftsproblem auf. Hier können die Schülerinnen und Schüler sich in die Rolle der diesen Leserbrief beantwortenden Redakteurin versetzen.

Vendredi – La cigale et la fourmi (Télérama)

Page à copier 15

Wenn es zu La Fontaines Zeiten schon das Fernsehen gegeben hätte ...
Die Fernsehzeitschrift *Télérama* gibt eine ironisch gefärbte *Critique* einer Fernsehsendung, die die La Fontaine'sche Fabel als „*Drame psychologique teinté de préoccupation sociale*" zum Gegenstand hat.
Die *effets comiques* ergeben sich

- durch die simulierte *critique* im Erscheinungsjahr der Fabel,
- durch den Verweis darauf, dass es sich nicht um La Fontaines ersten Versuch handelt („*il n'en est pas à son coup d'essai*") und er als „*bon conteur*" bereits über Erfolge verfügt,
- durch den Verweis auf den „*simplisme de l'histoire*" und das „*dénouement brutal: des images peuvent choquer*".

Die Schülerinnen und Schüler erhalten hier die Aufgabe, eine ähnliche Fernsehkritik zu verfassen.

Weitere Anregungen für produktionsorientiertes Arbeiten

- **Une petite annonce**

Die Erstellung einer Kleinanzeige stellt eine weitere Möglichkeit für Partner- oder Gruppenarbeit dar. Hier werden einige Impulse gegeben, die die Schülerinnen und Schüler weiterführen können.

> Ecrivez une petite annonce qui base sur *La cigale et la fourmi:*
> Jeune cigale, humour, aim. musique ...
> cherche ...

Das Ergebnis könnte z. B. wie folgt aussehen:

> Jeune cigale, humour, tendre, sensible, mince, cél., aim. musique et danse, aussi sensuelle, séduisante, aim. la campagne, les oliviers, cherche partenaire ayant même profil, bonne situation, pour passer l'hiver sur la Côte d'Azur.
> Ecrire réf. 431

● **Nous les jeunes (journal des jeunes)**

Ausgehend von einem Bildimpuls sollen die Schülerinnen und Schüler den Titel eines Artikels über Jugendliche entwerfen. Hier können Werte der *cigale* wie gaieté, insouciance, bonheur *etc.* eingesetzt werden.

> Vous êtes la rédactrice/le rédacteur d'un journal de jeunes.
> Aujourd'hui vous esquissez la première page d'un article sur les droits des jeunes en vous référant au type de la cigale.

● Bei genügender Zeit, z. B. im Rahmen eines Projektes, kann auch ein **Rollenspiel** eines **Castings** in der Perspektive einer *adaptation de la fable pour la télé* erfolgen.

> Imaginez une adaptation de la fable pour la télé.
> Mettez-vous à la place du responsable du casting pour trouver les acteurs qui pourraient jouer les rôles des deux personnages.
> Préparez maintenant le casting:

> **1.** Rédigez le texte d'une annonce qui précise les qualités (physique, caractère) que doivent avoir les actrices/acteurs recherché(e)s.
>
> **2.** Préparez l'interview des candidat(e)s.
>
> **3.** Jouez la scène du casting.

Reviens! Pardonne-moi!

REVIENS ! PARDONNE-MOI !

C'est le cri déchirant que lance Fourmi à Cigale depuis leur séparation. Le couple vedette est-il sur la voie de la réconciliation ? Tous les détails, cette semaine en pages centrales."

ICI PARIS - Alain-Claude GICQUEL

La cigale et la fourmi – 30 versions inédites, Paris: Editions Safrat, p. 86

Vous êtes le rédacteur/la rédactrice des «pages roses» du quotidien «Ici Paris». Inventez l'histoire de la séparation et de la réconciliation du couple vedette.

_____

_____

_____

_____

_____

_____

_____

_____

_____

_____

_____

_____

_____

_____

_____

_____

_____

_____

_____

_____

Le courrier des lectrices

<u>LE COURRIER
DES LECTRICES</u>

"Je vis depuis quelques mois avec un char
mant insecte. Au début de notre union, il se
montrait doux et prévenant. Hélas, depuis la
venue des beaux jours, il passe son temps à
traîner dehors et à chanter à tout venant.
Qu'allons-nous devenir ? Que donnerons-
nous à manger à nos larves lorsque la bise
sera venue ? Je l'aime, que faire ?"

Extrait de la lettre de Capucine Fourmi de
Brignoles **femmes d'aujourd'hui** .C.G.

La cigale et la fourmi – 30 versions inédites, Paris: Editions Safrat, p. 65

Vous êtes la rédactrice/le rédacteur du hebdo «femmes d'aujourd'hui» qui répond à la lettre.

_____

_____

_____

_____

_____

_____

_____

_____

_____

_____

_____

_____

_____

_____

_____

_____

_____

_____

Vendredi – La cigale et la fourmi

VENDREDI LA CIGALE ET LA FOURMI
Conte français de Jean de La Fontaine (1669) Cigale : la chanteuse Fourmi : la voisine Fiche technique - Scénario Jean de La Fontaine, dialogues Jean de La Fontaine. Critique parue dans Télérama en 1669. Durée : 3mn16s

Le genre : Drame psychologique teinté de préoccupation sociale. L'histoire : La cigale ayant chanté tout l'été se trouva fort dépourvue quand la bise fut venue..

. CE QUE J'EN PENSE : Jean de La Fontaine n'en est pas à son coup d'essai. Bon conteur, il s'était spécialisé dans la chronique animalière bien avant que Jean Jacques Annaud ait mis ce genre à la mode. Mais ici il aborde un thème relative-ment nouveau pour lui, le drame de l'incommunicabilité des êtres. S'il faut reconnaître que l'intrigue est efficace et le récit bien rythmé, on peut toutefois regret-ter le simplisme de l'histoire. Le mani-chéisme des personnages prête parfois à sourire et le dénouement surprend moins qu'il ne choque par sa brutalité... Certes, on peut comprendre que La Fontaine n'ait pas voulu détourner sa fable pour l'accom-moder au goût du jour, style : "Touche pas à mon pote et allons tous au Restaurant du coeur". Cependant, à trop vouloir démon-trer il est parfois tombé dans un misérabi-lisme un peu gênant. Chrétien média : adultes et adolescents. Des images peu-vent choquer. **☰Télérama** - **Didier HAMON.**

le manichéisme état d'esprit qui fait apprécier les choses en bien ou en mal, sans nuance inter-médiare

La cigale et la fourmi – 30 versions inédites, Paris: Editions Safrat, p. 65

Vous êtes le rédacteur/la rédactrice de «Télérama» et vous faites la critique d'une émission sur «La cigale et la fourmi». Réalisez vos propres idées.

_____

_____

_____

_____

_____

_____

_____

_____

_____

_____

_____

_____

La fable dans la publicité

4.1 L'agence de publicité

Die erworbenen Kenntnisse zu den beiden bekanntesten La Fontaine-Fabeln sollen in *Module 4* in ein Planspiel münden, das die in Frankreich häufiger anzutreffende Werbung mit literarischen Anspielungen zum Gegenstand hat. Dazu werden der Lerngruppe vier Werbebeispiele zur Verfügung gestellt (4.2 – 4.5), die auf die klassischen La Fontaine-Fabeln zurückgreifen.

Die Lerngruppe wird in vier Gruppen aufgeteilt, die jeweils eine Abteilung einer *Agence de publicité* darstellen. Jede Gruppe erhält eine der vier Werbeanzeigen. Die Spielsituation ist folgende: Zwei der Redaktionsmitglieder legen den übrigen die Werbeseite quasi als ihr Produkt vor und erläutern kurz, von wem die *agence* diesen Auftrag erhalten hat.

Die Gruppenmitglieder analysieren zunächst die Werbeanzeige anhand der auszufüllenden *Page à copier 16* und diskutieren gemeinsam die Qualität der Vorlage – gerade auch im Hinblick auf die Umsetzung der Fabel und der Werbewirksamkeit für das Produkt auf dem französischen Markt.

Im Anschluss daran präsentiert die Gruppe ihre *publicité* den übrigen *agence*-Gruppen, die wiederum Fragen stellen und Bewertungen abgeben. Am Ende wird über den werbewirksamsten Entwurf abgestimmt.

Votre agence de publicité cherche à lancer un nouveau produit sur le marché.

Deux membres de votre groupe vous offrent une publicité dont ils pensent qu'elle sera capable d'inciter le consommateur à acheter le produit.

Vous analysez par quels moyens linguistiques et picturaux l'annonce vise à convaincre les acheteurs éventuels. Puis vous discutez les avantages de cette pub et ses perspectives de vente.

A la fin vous présentez la pub aux autres groupes en cherchant à démontrer que votre pub est la meilleure.

Grille d'analyse

Agence de publicité _____

L'annonce publicitaire	Le produit	
	Le producteur	
	Le consommateur avisé/ La cible	
Moyens linguistiques	Le slogan publicitaire	
	Les expressions qui indiquent le caractère exclusif du produit	
	Les procédés de persuasion	
	Les informations précises	
Moyens picturaux	L'effet de l'image produit sur le consommateur	
	Le rapport entre l'image et le texte	
	Le rapport entre l'image et le produit	
Effets psychologiques	La publicité fait appel au désir …	☐ de succès ☐ de bonheur ☐ de beauté ☐ de jeunesse ☐ de sécurité ☐ de santé ☐ d'augmenter son prestige social ☐ d'être accepté par les autres ☐ _____ ☐ _____
La fonction du recours au genre de la fable	La fonction de la fable	
	L'effet produit sur le consommateur	
Le résultat	Le pour	
	Le contre	

4.2 La tradition des porcelaines de Limoges
(Le corbeau et le renard)

Es mag zunächst verblüffen, dass Grandvilles Illustration der La Fontaine-Fabel die noble Limoges-Porzellan-Edition schmückt, denn in Deutschland erscheint dies kaum denkbar. Die Analyse der Werbesprache ähnelt der Argumentationsstrategie des Fabelfuchses: Die *maîtresse de la maison* wird vom Herausgeber F. Le Sage (sic!) umschmeichelt *(„flatté")*, indem dieser geradezu das höfische Geschmacksideal evoziert *(„des porcelaines les plus raffinées pour le plaisir des gens du goût")*. Zweifellos soll hier der höfische Bezug zum hohen Sozialprestige dieses edlen Porzellans beitragen. (*Page à copier 17*)

4.3 Présilège, le plus gourmet des allégés
(Le corbeau et le renard)

Die Fabel *Le corbeau et le renard* wird hier wieder einmal für die Käsewerbung eingesetzt. Im Werbetext wird auf den edlen Genuss *(„gourmet")* und die Leichtigkeit *(„allégé")* des Käses abgezielt. Fuchs und Rabe sind gleichermaßen an diesem *bien souhaité* interessiert. (*Page à copier 18*)

4.4 Clubhotel
(La cigale et la fourmi)

Hier liegt eine Werbung für Ferienwohnungen vor. Die Franzosen werden nach ihrem *tempérament* klassifiziert: Während die einen mehr die Sicherheit schätzen *(fourmi-Typ)*, lieben die anderen mehr ihre Freiheit *(cigale-Typ)*. Die einen sollen bei *Clubhotel* Eigentum erwerben (Zukunftsperspektive: *„leurs enfants en hériteront"*), die anderen sollen mieten *(„jouir de la vie sans contrainte")*. Die Fabelcharaktere erscheinen hier als Prototypen. (*Page à copier 19*)

4.5 Dans ce monde de fourmis …
(La cigale et la fourmi)

Die Werbung des *Comité Départemental du Tourisme* kontrastiert sehr eindrucksvoll die *monde des fourmis* und das (Urlaubs-)Land der *cigales*.
Zwei gleich gekleidete Männer bewegen sich durch eine Hochhausschlucht, telefonieren mit ihren überdimensionalen Handys (deren Antennen einen Bezug zu den *fourmis* herstellen) und stellen eine uniforme Geschäftswelt dar. Die Werbebotschaft könnte lauten: Nach dem harten Arbeitswinter *(„l'hiver")* geht es nun zur Erholung in die Provence *(„ce pays qui porte les odeurs des vraies vacances")*. Die Werbeanzeige endet nicht unverbindlich: Wie die La Fontaine-Fabel fordert sie am Ende zu einer Aktion auf (parodistische Wiederaufnahme der La Fontaine-Fabel als *effet comique)*: *„Et bien téléphonez maintenant."* (*Page à copier 20*)

Publicité: Porcelaines de Limoges

RETROUVEZ LA TRADITION DES PORCELAINES DE LIMOGES

"LES FABLES DE LA FONTAINE" chez *Frédéric Le Sage*

réalisé par ROBERT HAVILAND ET C. PARLON

POURPRE ET OR

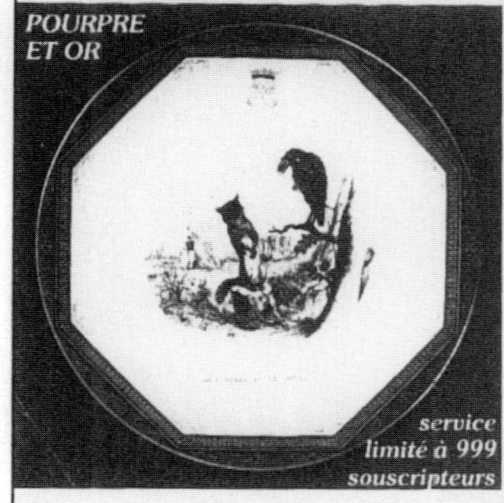

service limité à 999 souscripteurs

SERVICE ROMANTIQUE

ROMANTIQUE

Chère Madame,

Quelle maîtresse de maison accomplie ne serait flattée de posséder le célèbre service des Fables de La Fontaine édité à Limoges il y a plus d'un siècle ?

Il fut de tradition dans les plus vieilles familles françaises durant de nombreuses générations. Le temps, hélas, les déplacements successifs l'avaient fait disparaître peu à peu. Le voici enfin réédité dans la tradition des porcelaines les plus raffinées pour le plaisir des gens de goût.

Pour acquérir ce prestigieux service, il vous suffit de me retourner le bon de commande ci-dessous et, dans quelques semaines, vous le recevrez directement de mon porcelainier ROBERT HAVILAND et C. PARLON à Limoges.

Je reste, Chère Madame, votre dévoué.

F. Le Sage.

Publicité: Présilège allégé

Publicité: Clubhotel

50 %
des français
sont cigales.

50 %
des français
sont fourmis.

Pour leurs vacances, les français sont partagés.

Pour leurs vacances **50 % des Français ont un tempérament cigale**: ils aiment jouir de la vie sans aucune contrainte. Aujourd'hui, ils peuvent louer à Clubhotel.

50 % des Français ont par contre un tempérament fourmi. Pour leurs vacances, ils aiment marier la sûreté d'avoir des loisirs heureux à la sécurité de faire un bon placement. Ils achètent. Leur appartement sera à eux, pendant une ou plusieurs semaines, tous les ans. Ils pourront vendre, ils pourront louer. Leur bien se valorisera, leurs enfants en hériteront.

Clubhotel est aujourd'hui la formule la plus libre et la plus audacieuse pour partir en vacances.

Clubhotel.

Publicité: Dans ce monde de fourmis ...

... Il y a encore un pays qui défend les cigales.

4.6 Réflexion: Publicité française vs. publicité allemande

Das Planspiel lässt sich abschließend in eine Reflexionsphase überführen: Das französische Unternehmen will sein Produkt in Deutschland verkaufen, die Mitglieder der *Agence de publicité* diskutieren über die Erfolgschancen.

 En Allemagne il existe également des publicités avec des animaux tels qu'on les trouve dans les fables. Essayons de trouver des différences avec la publicité française.

Dabei dürfte der Rekurs auf Fabeltypen wie den schlauen Fuchs (Werbung der Bausparkasse Schwäbisch Hall) oder die unermüdlich arbeitende, zuverlässige Ameise (Volkswagen: „Der Polo. So stark kann klein sein") deutlich werden. Auch in Frankreich wurde für den VW Polo als *fourmi* geworben, allerdings unter Einbeziehung der *cigale*, d.h. unter Verstärkung des Fabelbezugs: *„Les cigales vont enfin pouvoir se payer la fourmi."*

Da zunächst auf die eigenständige Wahrnehmung der Schülerinnen und Schüler zurückgegriffen werden soll, bietet es sich an, die deutsche Werbung erst im Anschluss an die Erarbeitung – quasi als Illustration – einzusetzen. (*Page à copier 21*)

Publicité allemande

Module 5

Fable et conte, mythe et réalité

5.1 Jacques Prévert: *Le chat et l'oiseau*

Préverts Fabel, 1963 in der Sammlung *Histoires* erschienen und durch die Vertonung von J. Kosma (Sänger: Yves Montand) bekannt geworden, scheint auf den ersten Blick sprachlich und inhaltlich leicht zugänglich, entpuppt sich aber aufgrund der ironischen Brechung und der sarkastischen Moral als durchaus komplex.

Als Stundeneinstieg bietet es sich daher vor Beginn der Textbehandlung an, ein Brainstorming zu den Charaktereigenschaften einer Katze durchzuführen und ein Cluster zu erstellen.

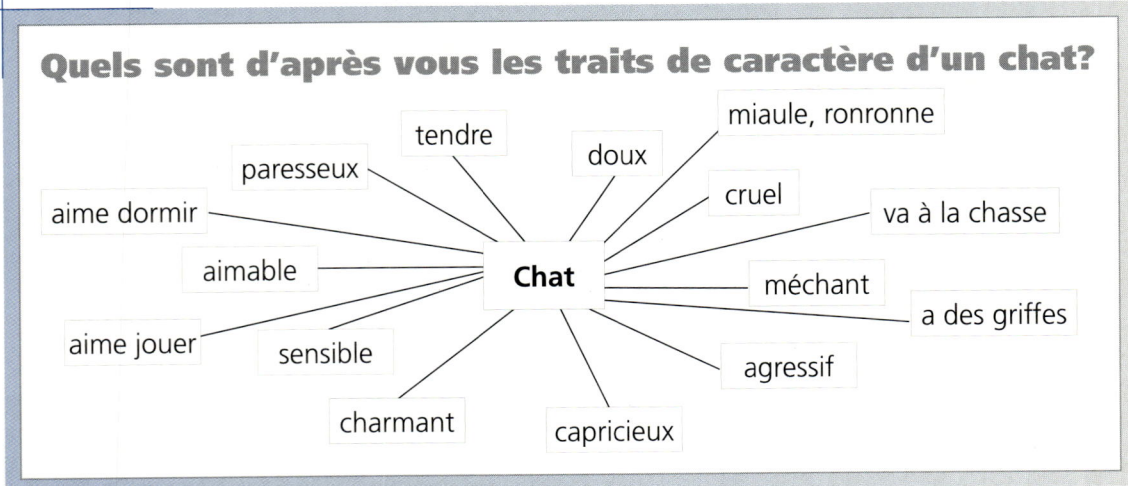

Nach dem Lesen des Textes (*Page à copier 22*) und einem *Résumé* wird der Ersteindruck wiedergegeben.

  Qu'est-ce qui vous frappe surtout dans cette fable?

Ein Einstieg in die Analyse wird durch die Formulierung des Ersteindrucks der Schülerinnen und Schüler bestimmt, denn der durch den Titel und die Unterteilung in *récit* und *moralité* entstehende Eindruck einer Zugehörigkeit des Textes zur Gattung Fabel wird im weiteren Verlauf zurückgenommen und somit die Lesererwartung durchbrochen. Im Vordergrund der Stunde steht dann die Erarbeitung der modernen Modifikationen, wobei der Text erneut Gelegenheit gibt, das in der Reihe erarbeitete terminologische und strukturale Basiswissen auf eine moderne ‚Fabel' anzuwenden.

  Analysez la constellation des personnages.

Die *personnages* sind *chat, oiseau, petite fille* (und – eher als passives Dekor – die *village*). Die Funktion des *oiseau* ist jedoch nicht die einer opponierten *personnage,* sondern eher die eines *bien souhaité* von *chat* und *petite fille*. Die eigentlichen Opponenten sind *chat* und *petite fille*.

Jacques Prévert: *Le chat et l'oiseau*

Un village écoute désolé
Le chant d'un oiseau blessé
C'est le seul oiseau du village
Et c'est le seul chat du village
5 Qui l'a à moitié dévoré
Et l'oiseau cesse de chanter
Le chat cesse de ronronner
Et de se lécher le museau
Et le village fait à l'oiseau
10 De merveilleuses funérailles
Et le chat qui est invité
Marche derrière le petit cercueil de paille
Où l'oiseau mort est allongé
Porté par une petite fille
15 Qui n'arrête pas de pleurer
Si j'avais su que cela te fasse tant de peine
Lui dit le chat
Je l'aurais mangé tout entier
Et puis je t'aurais raconté
20 Que je l'avais vu s'envoler
S'envoler jusqu'au bout du monde
Là-bas où c'est tellement loin
Que jamais on n'en revient
Tu aurais eu moins de chagrin
25 Simplement de la tristesse et des regrets

Il ne faut jamais faire les choses à moitié.

Jacques Prévert, Le chat et l'oiseau. Dans: Histoires, Paris: © Editions GALLIMARD 1963

A quel autre genre littéraire ressemble cette fable?

Die Tatsache, dass Tiere und Menschen gemeinsam vorkommen und das Tier *(chat)* zum Menschen *(petite fille)* spricht, ist eher typisch für die Gattung Märchen *(conte de fées)*.

Quelle est la relation entre le récit et la moralité?

Zeitkritik (Kritik an bürgerlicher Scheinhaltung) und ironischer Gestus *(moralité)* lassen diesen Text eher als ‚Antimärchen' erscheinen. Die Pointe besteht dabei gerade darin, dass auf einen scheinbar sentimentalen *récit* eine scheinbar bourgeoise *moralité* folgt. Jedoch sind beide Teile nicht naiv, sondern sarkastisch aufeinander bezogen. In ironischer Brechung wird die sentimentale Erzählung durch die simple Lebensweise relativiert und umgekehrt. Die sentimentale Sprachebene der *chat* wird durch den infantilen Grundton betont: metrisch-reim-technisch lassen sich Allusionen und kindersprachliche Reduplikationen (durch eine Häufung der /e/-End- und Binnenreime, verstärkt durch das anaphorische *Et*) feststellen.

Als zentraler Kern der Interpretation ist daher von den Kursteilnehmern die Opposition zwischen sentimentaler und sarkastischer Moral, die erst in Bezug aufeinander deutlich werden, zu erkennen.

récit	↔	*moralité*
sentimental		*sarcastique*

 «Si j'avais su que cela te fasse tant de peine, …»
Continuez la phrase en donnant vos propres idées et justifiez votre opinion.

Hier sollen verschiedene Lösungen begründet werden, z. B.:
« … je ne l'aurais pas mangé.»
«… je me serais contenté d'autre chose.»

Diese Phase führt zu grundsätzlichen Überlegungen von *verité* und *dissimulation*.

 Discutez: Quels sont les conséquences pour les enfants dans un monde dans lequel ils sont traités d'après le «sentiment de vérité» du chat?

Am Ende soll eine kritische Auseinandersetzung mit der im Text ironisiert vorgestellten moralischen Position der *chat*-Haltung stehen.
Zur Motivation der Kursteilnehmer und zugleich zur Festigung der Ergebnisse kann in der Schlussphase eine von Yves Montand gesungene Version der Prévert-Fabel eingesetzt werden *(Montand chante Prévert,* Philips 6332226). Ihre Verwendung erfolgt funktional zur Konfrontierung der erarbeiteten Interpretationsergebnisse mit der musikalischen Realisation. Die Schülerinnen und Schüler werden dabei die Parallelität in der harmonischen Realisation erkennen und die Disharmonie am Ende als Offenlegung einer ‚Pseudoharmonie' deuten können.
Als Hausaufgabe bietet sich an, dass die Schülerinnen und Schüler die Antwort der *petite fille* auf die sarkastische Rede des *chat* schreiben.

 Mettez-vous à la place de la petite fille et formulez une réponse personnelle au chat.

5.2 Henri Michaux: *La fourmi à l'étoile*

1923 veröffentlichte Michaux in der Sammlung *Fables des origines* den kurzen Prosatext *La fourmi à l'étoile* (Dans: Fables des origines recueilli dans Œuvres complètes, tome I, Bibliothèque de la Pléiade; © Editions GALLIMARD). Er setzt sich – ebenso wie der von Prévert – deutlich von der parodistischen modernen Fabeladaptation ab. Didaktisch ist er wegen der zugespitzten Mensch-Tier-Problematik, der Durchbrechung der Lesererwartung und seiner Offenheit sehr interessant: Er lässt eine bei Fabeln selten vorhandene Breite von Auslegungen und Sichtweisen zu. Textarbeit kann hier zu einem spannenden Lernprozess werden. Der gattungsbezogene Zugang hilft zur Ausschärfung der eigenen Position.

> Ce texte, est-il une fable? Nommez les traits typiques et atypiques en analysant
> - le schéma des personnages
> - le mouvement dramatique
> - la bipartition traditionnelle.

Für eine Subsumierung dieses Textes unter der Gattungskategorie Fabel lässt sich Folgendes anführen: Die auftretenden *personnages fourmi* und *homme* sind opponiert, die dramatische Struktur weist *exposition, nœud* und *dénouement* auf. Ein *récit*-Teil (v. 1–4) und ein Reflexionsteil (v. 5–7) sind deutlich voneinander abgehoben: zunächst durch das Merkmal längerer Erzählteil, kürzerer Reflexionsteil, weiter durch das Vorhandensein bzw. Fehlen von Handlung und direkter Rede, schließlich durch die fehlende bzw. vorhandene direkte Wendung an den Leser. Die Fabeleigentümlichkeit der prägnanten Kürze ist hervorstechend, sogar eine festere Bindung durch sich wiederholende Metren ist festzustellen:
10 10 10 + 6 10 1 12 12.
Die eigentliche Komposition des Textes wird noch durch das zyklische Auftreten *der fourmi* in Anfangs- und Endposition (v. 1/7) unterstrichen.
Trotz der binären, sowohl die textuelle Ebene als auch die *personnages*-Konstellation umfassende Grundstruktur sind verschiedene Konstituenten dieses Textes fabeluntypisch: Das Tempus wechselt nicht etwa nur zwischen Erzähl- und Reflexionsteil, sondern von Zeile zu Zeile, sowohl innerhalb des Erzähl- als auch innerhalb des Reflexionsteils. Handlung und direkte Rede kommen vor, aber nicht das Tier redet, sondern der Mensch.
Eine explizite Moral (*moralité*) fehlt; der Text wendet sich zwar zum Schluss an den Leser, aber mit einer offen bleibenden Frage: „*Qu'en serait-il advenu de cette fourmi?*"

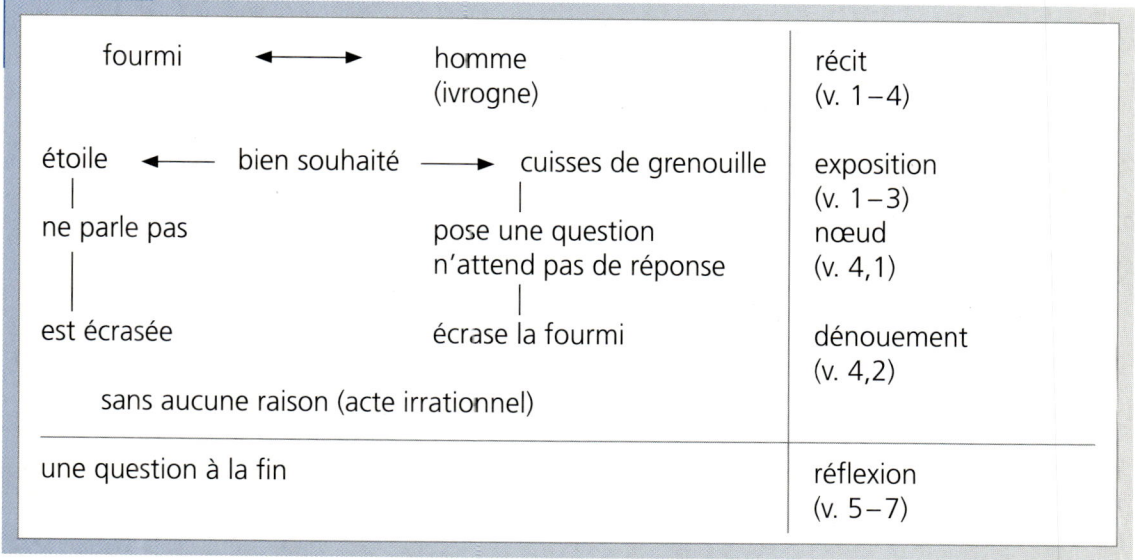

fourmi ⟷	homme (ivrogne)		récit (v. 1–4)
étoile ← bien souhaité →	cuisses de grenouille		exposition (v. 1–3)
ne parle pas	pose une question n'attend pas de réponse		nœud (v. 4,1)
est écrasée	écrase la fourmi		dénouement (v. 4,2)
sans aucune raison (acte irrationnel)			
une question à la fin			réflexion (v. 5–7)

Une fourmi marchait vers une étoile.
Un homme se trouve sur son chemin.
Il cherchait des cuisses de grenouilles pour son repas du soir.
«Où vas-tu», lui dit-il, et il l'écrase.
Soit!
C'était un ivrogne, mais voilà … maintenant:
Qu'en serait-il advenu de cette fourmi?

Henri Michaux, Fables des origines recueilli dans Œuvres complètes, tome I, Bibliothèque de la Pléiade, © Editions GALLIMARD

„Qu'en serait-il advenu de cette fourmi"?
Donnez votre opinion personnelle.

Die letzte Frage des Textes bleibt im Text unbeantwortet, verlangt dadurch Antworten, Fortsetzungen des Lesers, provoziert neue Fragen an den Text: *Le lecteur doit trouver sa propre réponse.*

Ist gerade das Schweigen der Ameise als ihre eigentliche Antwort gegenüber dem *ivrogne,* der spricht, ohne eine Antwort auch nur zuzulassen, zu verstehen? Wäre damit der Non-Kommunikation vermittels Sprache eine *message sans mots* entgegengesetzt? Allgemeiner: Ist diesem Text zufolge die stumme Sprache der Tierwelt gegenüber der der unmenschlichen Menschheit die wahre Sprache? Die Lehre dieser Fabel kann aus der zum Nachdenken auffordernden Leerstelle nach der abschließenden Frage gezogen werden. Vielleicht hätte die Ameise ihr Ziel, den Stern, erreicht.

Mit einer Frage an ihrem Ende öffnet sich diese Fabel Michaux' zur Parabel hin.

Trouvez un titre à cette fable et justifiez votre décision.

Nach dem Vorstellen und der Diskussion der Schülerbeiträge kann der Michaux-Titel *La fourmi à l'étoile* genannt werden, wobei *à la étoile* sowohl ‚auf dem Weg zum Stern' als auch ‚auf dem Stern' bedeuten kann.

Am Ende sollte der grundlegende Unterschied dieser *fable existentielle* zur klassischen Fabel herausgestellt werden.

Comparez cette fable aux fables classiques.

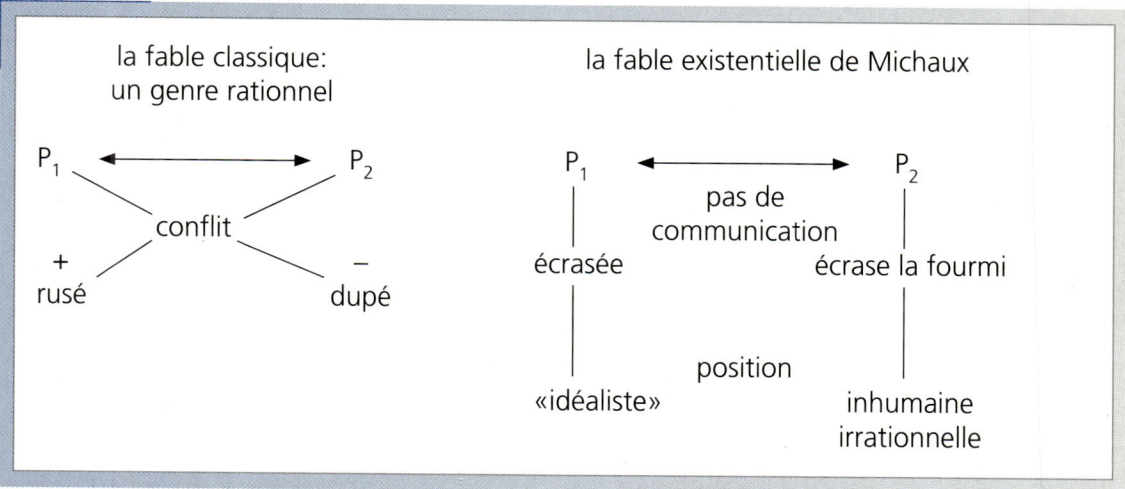

Anmerkung:

Neueste Ergebnisse der experimentellen Verhaltensforschung in Verbindung mit Sinnes- und Neurobiologie verweisen auf den „Himmelskompass im Kopf der Ameisen": „Die Wüstenameise kann dank ihrer Facettenaugen ein für uns unsichtbares Polarisationsmuster am Himmel erkennen. Sie weiß immer, in welche Richtung sie läuft. Andererseits ‚zählt' sie ihre Schritte, registriert Steigungen und Winde, welche ihre Spuren im Sand verwischen. Aus den Messergebnissen berechnet sie den kürzesten Rückweg. Technisch gesehen, bedarf es dazu eines Richtungsmessers, eines Entfernungsmessers und einer Rechenformel, die beide Größen zusammenführt." (Welt am Sonntag, 4/12/2005)

Module 6

La Fontaine artiste – la satire des mœurs au 17ᵉ siècle

6.1 A Monseigneur le Dauphin

Dieser Text (*Page à copier 24*) eignet sich sehr gut zur Erarbeitung der Poetologie der La Fontaine'schen Fabel. Die Schülerinnen und Schüler finden hier Begriffe wieder, die sie aus *Module 1* schon kennen, wie die Oppositionspaare *mensonge – vérité, animaux – hommes, instruire (leçon) – entretenir/agréer (légères peintures)*.

Comment La Fontaine caractérise-t-il ses fables?
Dans quel but a-t-il écrit ses fables?

La Fontaine se rattache à la tradition ésopienne. Sa première intention est d'instruire les hommes en contant des aventures fantaisistes d'animaux. Il renonce pour sa part à la grande poésie, à l'épopée qui chanterait les exploits des rois de France, pour se consacrer à une poésie plus légère, dont il souhaite qu'elle plaise à son lecteur.
Le double but du fabuliste est donc: instruire et plaire.

6.2 La satire des mœurs au 17ᵉ siècle

Zur Herausarbeitung der La Fontaine'schen *égayé*-Technik im Rahmen der Gesellschaftssatire des 17. Jahrhunderts ist die La Fontaine-Fabel *Le coq et le renard* besonders geeignet. Sie wird in einer *analyse comparée* mit Perraults *Le chien, le coq et le renard* verglichen, um die Differenzqualität herauszustellen (*Pages à copier 25* und *26*).

Dégagez la structure de la fable *Le coq et le renard*.

Die La Fontaine-Fabel ist in *récit* (v. 1–31) und *moralité* (v. 32) unterteilt; der *récit* zeigt den typischen dramatischen Aufbau, wobei die Verse 3, 15 und 25 durch ihre parallele Struktur absatzmarkierend wirken.

v. 1–2	exposition	situation initiale
v. 3–24	nœud	dialogue entre les deux personnages v. 3–14 discours du renard v. 15–24 réplique du coq
v. 25–31	dénouement	v. 25–27 2ᵉ discours du renard v. 28–31 la fuite

La dédicace de La Fontaine

A
MONSEIGNEVR
LE
DAUPHIN·

ONSEIGNEVR,

Je chante les héros dont Esope est le père,
Troupe de qui l'histoire, encor que mensongère,
Contient des vérités qui servent de leçons.
Tout parle en mon ouvrage, et même les poissons:
5 Ce qu'ils disent s'adresse à tous tant que nous sommes;
Je me sers d'animaux pour instruire les hommes.
Illustre Rejeton d'un Prince aimé des Cieux,
Et qui faisant fléchir les plus superbes têtes,
Comptera désormais ses jours par ses conquêtes,
10 Quelque autre te dira d'une plus forte voix
Les faits de tes aïeux et les vertus des rois.
Je vais t'entretenir de moindres aventures,
Te tracer en ces vers de légères peintures;
Et, si de t'agréer je n'emporte le prix,
15 J'aurai du moins l'honneur de l'avoir entrepris.

encor(e) que quoique
mensonger,ère qui n'est pas sincère

le rejeton ici: fils

fléchir baisser

les aïeux ancêtres

Jean de La Fontaine, A Monseigneur le Dauphin. Dans: Fables choisies mises en vers.
Ed. Georges Couton, Paris: Garnier 1962

Annotation:
Au XVIIe siècle il est d'usage de dédier des œuvres aux grands personnages qui peuvent donner à l'auteur protection et pensions. Ici, prétextant la valeur éducative des fables, La Fontaine s'adresse au Dauphin.
Le Dauphin (titre porté par le fils aîné des rois de France), est le fils de Louis XIV et de Marie-Thérèse. Il a moins de sept ans, lorsque La Fontaine lui adresse cette épître. Le fabuliste saisit cette occasion de flatter Louis XIV, alors au comble de sa gloire militaire.

La Fontaine: *Le coq et le renard*

Sur la branche d'un arbre était en sentinelle
    Un vieux coq adroit et matois.
«Frère, dit un renard, adoucissant sa voix,
    Nous ne sommes plus en querelle.
5   Paix générale cette fois.
Je viens te l'annoncer; descends, que je t'embrasse.
    Ne me retarde point, de grâce;
Je dois faire aujourd'hui vingt postes sans manquer.
    Les tiens et toi pouvez vaquer,
10   Sans nulle crainte, à vos affaires;
    Nous vous y servirons en frères.
    Faites-en les feux dès ce soir,
    Et cependant viens recevoir
    Le baiser d'amour fraternelle.
15 — Ami, reprit le coq, je ne pouvais jamais
    Apprendre une plus douce et meilleure nouvelle
        Que celle
      De cette paix:
    Et ce m'est une double joie
20 De la tenir de toi. Je vois deux lévriers,
    Qui, je m'assure, sont courriers
    Que pour ce sujet on envoie:
Ils vont vite, et seront dans un moment à nous.
Je descends: nous pourrons nous entre-baiser tous.
25 — Adieu, dit le renard, ma traite est longue à faire:
Nous nous réjouirons du succès de l'affaire
    Une autre fois.» Le galand aussitôt
    Tire ses grègues, gagne au haut,
    Mal content de son stratagème,
30   Et notre vieux coq en soi-même
    Se mit à rire de sa peur;
Car c'est double plaisir de tromper le trompeur.

la sentinelle soldat chargé de garder une porte, un camp
matois rusé (mot emprunté à l'argot du XVIIe siècle)

que afin que

de grâce je t'en prie

postes (f) parcours d'une voiture de poste entre deux relais
sans manquer sans faute
vaquer à s'occuper de

y ici: dans ces affaires

les feux (m) feux de joie

cependant en attendant

je pouvais j'aurais pu

le lévrier *Windhund*

je m'assure j'en suis certain

s'entre-baiser s'embrasser les uns les autres
la traite ici: voyage

tirer ses grègues relever sa culotte pour courir plus vite
gagner au haut s'enfuir
le stratagème ruse

Jean de La Fontaine, Le coq et le renard (II, 15). Dans: Fables choisies mises en vers.
Ed. Georges Couton, Paris, Garnier 1962

Das inhaltliche Grundgerüst: Ein Fuchs will einen Hahn durch eine List (*„stratagème"*), die Ankündigung des Friedens (*„paix générale cette fois"*), täuschen und ihn dazu bewegen, vom Baum herabzusteigen, um ihn umarmen, d. h. fressen zu können. Der Hahn durchschaut die Absicht und wendet nun seinerseits eine List an: Er gibt vor, zwei sich nähernde Windhunde zu sehen, täuscht so den Fuchs und verjagt ihn. Der *sens moral,* explizit gemacht in der *moralité* (*„c'est double plaisir de tromper le trompeur"*), lautet: Jemand, der ein Ziel durch Täuschung eines anderen erreichen will, wird von diesem selbst betrogen.

Caractérisez les deux personnages en analysant leurs discours.

discours du renard	v. 3–14	• pressant • de plus en plus éloquent • de plus en plus tendre	• il est affamé et veut prendre le coq par surprise • il annonce d'abord la fin de la guerre; puis les avantages que le coq en tira • reprise des mots «frère» et «fraternel»
réplique du coq (adroit et matois)	v. 15–24	• il fait semblant de se réjouir • il se moque du renard	• il ralentit son discours • il s'amuse de la peur qu'il lui cause
deuxième discours du renard	v. 25–27	• il trouve une bonne raison pour s'enfuir sans trop perdre la face	• il n'avoue pas que le coq l'a pris pour dupe, colore sa retraite et garde jusqu'au bout l'air galant.

A quel type social s'adresse la critique formulée implicitement dans la fable?
Caractérisez-le.
En quoi celui-ci reflète-t-il l'esprit de son temps?

„Nous nous réjouissons du succès de l'affaire/Une autre fois" (v. 26/27), sagt der Fuchs und enthüllt damit seinen *galant*-Charakter (v. 27), ein heuchlerisches Gehabe, das als charakteristisch für die Höflinge am Hofe Louis' XIV. angesehen werden kann. Ein Kennzeichen des *courtisan* besteht in seiner Gewandtheit, seinen Rückzug zu beschönigen:

Jamais il ne perd contenance. Il trouve toujours une raison plausible pour conserver son masque d'honnête homme. Il n'avoue pas que le coq l'a pris pour dupe, colore sa retraite et garde jusqu'au bout l'air galant et satisfait.

6.3 La versification au service du discours (Vertiefung/ Leistungskurs)

Im Leistungskurs ist es möglich, die stilistischen Verfahren La Fontaines näher zu analysieren. In arbeitsteiliger Partner- oder Gruppenarbeit werden Metrum und Reimschema der beiden *discours*-Teile des *nœud* sowie des *dénouement* analysiert:

- *le discours du renard* (v. 3–14)
- *le stratagème du coq* (v. 15–24)
- *la réaction du renard* (v. 25–31)

La Fontaines Hahn wendet ausschließlich eine abstrakte List an; es kommt ihm nicht darauf an, den Fuchs zu bestrafen, sondern es macht ihm Spaß, ihn zu täuschen. Dabei schlägt er ihn geschickt mit seinen eigenen Waffen und hinterlässt einen ,weltmännischen' Eindruck:

> Ce n'est pas seulement le succès qui importe, mais, et plus que tout, la satisfaction intellectuelle qu'elle procure. D'où la gaieté vive, soulignée par les effets de rythme et de versification, dont se révèlent les scènes bien filées.

Dieses Verfahren des *récit égayé* soll durch die Schülerinnen und Schüler exemplarisch analysiert werden.

Le discours du renard

Die Rede des Fuchses setzt ein mit dem auf der ersten Silbe betonten *„Frère ..."* (v. 3). Die einmalige Verwendung der *mesure monosyllabique* unterstreicht als rhythmische Ausnahme den heuchlerischen Gehalt. Der Fuchs wird aber nicht nur durch diese Anrede, sondern auch durch sein Gebaren als Heuchler charakterisiert: *„adoucissant sa voix"* (v. 3). Die lautmalende Häufung der /s/-Laute unterstreicht die Aussage.
„Paix générale cette fois" (v. 5) ist das Motto, unter dem die Kriegslist des Fuchses (*„stratagème"*, v. 29) läuft. Gleich darauf der vorgetäuschte Wunsch: *„descends que je t'embrasse"*. Im folgenden isometrischen Achtsilblerteil (v. 9–14) schließt sich eine Aufzählung von Freuden und Vorzügen des Friedens an, wobei das Wort *„Frère"* (v. 7) in der Pluralform – ein Hinweis auf die *„paix générale"* – wieder aufgenommen wird (v. 11), was schließlich im heuchlerischen Wunsch des Fuchses nach dem *„... baiser d'amour fraternelle"* (v. 14) gipfelt, wo *„frère"* zum dritten Mal aufgenommen wird.

Le stratagème du coq

Der Beginn der *réplique* mit einer ähnlichen Anrede (*„Ami"*, v. 15), die Ähnlichkeit der Konstruktion von v. 3 und 15, die wörtliche Wiederaufnahme von *„paix"* (v. 5/18), *„toi"* (v. 9/20) und *„baiser"* (v. 14/24) demonstrieren inhaltlich das *„reprit"* (v. 15) und das *„tromper le trompeur"* (v. 32). Die Stellung von *„baiser"* im jeweils letzten Vers der beiden Reden wirkt absatzmarkierend, verstärkt den Parallelismus und zeigt, wie sich der Hahn in seiner Rhetorik auf den Fuchs einzustellen weiß. Interessant ist, dass sich in den Versen 15 und 18 *„jamais"* und *„paix"* aufeinander reimen, was als versteckter Gehalt der Rede des Hahns angesehen werden könnte.
Die zwei aufeinanderfolgenden Reimkomplexe in *rimes embrassées* zu Beginn der Täuschungsreplik des Hahns (v. 15–22) enthalten eine dynamische Bewegung, die sich metrisch in einem besonders wirkungsvollen Gebilde ausdrückt. Die Variation des Versmaßes geht folgenden Weg, der die inhaltliche Dramatik nachzeichnet:

in den Versen 15 und 16 Alexandriner, dann plötzlich abfallend zum 2-Silber, danach über 4- und 8-Silber mit Enjambement langsam aufsteigen zum Alexandriner (v. 20), wo die Rede des Hahns im Wort „*lévriers*" gipfelt, das gleichzeitig Höhepunkt des dramatischen Geschehens ist.

La réaction du renard

Der *dénouement-Teil* bringt die Flucht des Fuchses, die im Metrum durch Zunahme der Raffungsintensität nachgebildet ist. Ist in Vers 25 die Aussage noch statisch: „*ma traite est longue à faire*", wobei die *longueur* durch die Länge des Alexandriners metrisch veranschaulicht wird, so beginnt in Vers 26 ein dynamischer Prozess, symbolisiert durch die übergreifenden Enjambements (v. 26/27; 27/28). Die Flucht des Fuchses wird als abnehmende Bewegung durch die Verkleinerung des Metrums ausgedrückt (v. 26/28: 12-, 10-, 8-Silber). Vers 28 ahmt das Verschwinden des Fuchses lautlich durch die Doppelung des /o/ nach („*au haut*").

Die beschriebene abnehmende Bewegung ist das Pendant zur wachsenden Bewegung im Replikteil des Hahns.

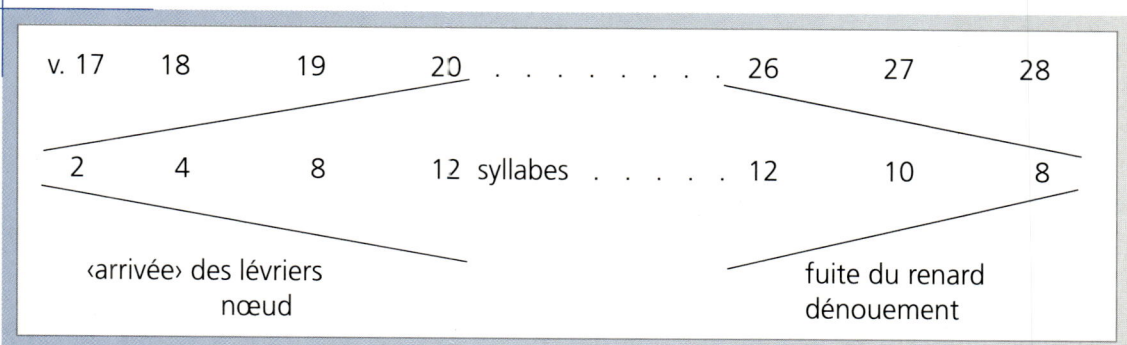

6.4 Analyse comparée de deux fables classiques: La Fontaine et Perrault

Zur Herausarbeitung der La Fontaine'schen *récit égayé*-Technik ist eine kontrastive Analyse mit der Perrault-Fabel *Le chien, le coq et le renard* sehr ergiebig (*Page à copier 26*).
In größerem Maße als Perrault strebt La Fontaine in seiner Fabel nach dramatisch-erzählerischem Eigenwert. Der *récit* ist bei weitem ausführlicher, als es zur Illustration des *sens moral* notwendig wäre. Dieser Überschuss an Ausführlichkeit dient der Autonommachung des *récit*, der auch als *récit égayé* bezeichnet wird. Eine lexikalische Definition von *égayer* lautet: *rendre agréable, colorer d'une certaine gaieté.*

Comparez les deux fables.

Beide Dichter lassen ihre Fabel mit der gleichen *figura etymologica* ausklingen: „*tromper le trompeur*".
Perraults Hahn und damit der Typ, den er repräsentiert, weiß sich mit Mitteln der Realität (*chien*) zu wehren. Aus dem spielerischen *tromper* wird plötzlich eine grausame Ernsthaftigkeit. Man kann sich den Hund als zähnefletschende bissige Bulldogge vorstellen im Gegensatz zu La Fontaines fiktiven Windhunden.
Die Schlussszenen des *récit* machen deutlich, dass der Gegensatz zwischen dem ernsten *droit* und dem heiteren *plaisir* der fundamentale Unterschied der beiden Fabelfassungen ist: zum einen der „*malheureux renard*" (v. 21), der vom Hund getötet wird und so seiner ‚gerechten'

Charles Perrault: *Le chien, le coq et le renard*

Le chien, avec un coq, entreprit un voyage;
D'abord dans un même arbre ils passèrent la nuit.
Le coq monta sur le plus haut branchage;
Le chien dans un trou creux établit son réduit.
5   Dès le matin le coq fit son ramage;
Aussitôt un renard, de bonne heure éveillé,
Vint à lui, le pria de vouloir bien descendre,
Disant que de son chant surpris, émerveillé,
Plus longuement il ne pouvait attendre,
10 Qu'il voulait embrasser l'aimable musicien
Qui venait de chanter et de chanter si bien.
Le coq, qui reconnut sa louange traîtresse,
Lui dit avec la même adresse:
«Je n'ai pas de plus grand désir
15   Que de vous donner du plaisir;
Mais, si vous voulez que je sorte,
Il faut éveiller le portier,
Afin qu'il nous ouvre la porte;
Oserai-je vous en prier?»
20 Le chien au premier coup sortit de sa demeure;
Le malheureux renard pensa mourir de peur;
Il fuit, le chien le prit et l'étrangla sur l'heure.

C'est le vrai droit du jeu de tromper le trompeur.

Charles Perrault, Le chien, le coq et le renard. Dans: Traduction des Fables de Faerne (V,8), Paris 1699

Strafe („droit", v. 23) nicht entgeht, zum anderen der „galant" (v. 27), der das Weite sucht, während ihm ein lachender Hahn mit den Blicken folgt.

Ähnelt Perraults Fabel dem Sprichwort *Tel est pris qui croyait prendre,* lässt sich auf La Fontaines Fabel eher das Sprichwort *Rira bien qui rira le dernier* beziehen, wobei hier *prendre* und *rire* die Hauptakzente setzen und die Gegensätzlichkeit hervorheben.

Die klassische französische Dramaturgie hat für diese beiden Arten des *dénouement* eine bezeichnende Terminologie, die sich auf unsere beiden Fabelfassungen übertragen lässt: *dénouement sanglant* (bei Perrault) und *dénouement heureux* (bei La Fontaine).

Auch der Unterschied in den Titeln ist typisch für die den beiden Fabeln zugrunde liegenden Auffassungen. Bei Perraults Fabel *Le chien, le coq et le renard* wird dem Hund der entscheidende erste Platz eingeräumt. La Fontaines Fassung *Le coq et le renard* erwähnt die Hunde im Titel nicht. Typisch ist auch, dass die später in der Ferne auftauchenden Hunde bei ihm Windhunde sind, die man Windspiele nennt. Auch hier also Leichtigkeit, die als bezeichnend für das La Fontaine'sche Fabelschaffen überhaupt angesehen werden kann.

Der Fuchs, an sich Symbolfigur der List, ist überlistet worden, aber als *galant* zieht er sich zurück, zwar betrogen, aber doch nicht vernichtet (wie der Fuchs Perraults). Ja, er versucht noch, sich einen ehrenvollen Abgang zu verschaffen und so gut wie möglich seine Würde zu wahren: „*Nous nous réjouirons du succès de l'affaire/Une autre fois.*" (v. 26/27).

La Fontaine ist nicht *moralisateur* (wie Perrault in seiner Fabel), sondern *moraliste* im französischen Sinne.

La Fontaine		Perrault
Le coq et le renard	titre	*Le chien, le coq et le renard*
un coq: vieux, adroit, matois	personnages	un coq
le renard: dupé, mais garde l'air galant (conserve son masque d'honnête homme)		un malheureux renard
des lévriers (fictifs)		un chien (de garde)
dénouement heureux	dénouement	dénouement sanglant
C'est double plaisir de tromper le trompeur.	moralité	C'est le vrai droit du jeu de tromper le trompeur.
Rira bien qui rira le dernier.	proverbe	Tel est pris qui croyait prendre.
moraliste	fabuliste	moralisateur

6.5 L'art d'amuser de La Fontaine: les procédés comiques

Rückblickend auf die behandelten La Fontaine-Fabeln lassen sich verschiedene *procédés comiques* aufzeigen (Partnerarbeit) und systematisieren.

Relevez quelques procédés comiques dans les fables de La Fontaine que vous connaissez.

1. Le comique de caractère
Le plus souvent La Fontaine signale le vice ou le défaut principal du personnage: l'hypocrite flatterie du renard et la vanité du corbeau, la légèreté de la cigale et l'avarice de la fourmi.

2. Le comique de situation
Les animaux se trompent les uns les autres: Le renard trompe le corbeau, le coq trompe le renard, le trompeur trompé (renard).

3. Le comique de description
La Fontaine fait p.ex. la caricature du renard: «Le galand aussitôt/Tire ses grègues, gagne au haut,/Mal content de son stratagème».

4. Le comique des gestes et des voix
La Fontaine décrit minutieusement les mouvements des bêtes et dépeint comiquement leur caractère, p.ex. la joie intense du corbeau: «A ces mots le corbeau ne se sent pas de joie;/Et pour montrer sa belle voix,/Il ouvre un large bec».

5. Le comique de langue
est le plus fréquent: p.ex. titres propres aux hommes et attribués comiquement aux bêtes comme «Maître corbeau». La Fontaine se plaît à parodier les formules employées par les hommes pour les placer dans la bouche des bêtes: La cigale s'écrie «foi d'animal» (l'expression transpose malicieusement l'expression «foi de gentilhomme»). Un autre trait de comique de langue: l'exagération du renard affirmant au corbeau «Que vous êtes joli! que vous me semblez beau!»; l'exagération du coq «Ami, reprit le coq, je ne pouvais jamais/Apprendre une plus douce et meilleure nouvelle/Que celle/De cette paix.»

6.6 La Fontaine et la vie littéraire sous l'absolutisme

An dieser Stelle werden Hintergrundinformationen zur sozio-kulturellen Situation der Fabeln La Fontaines im 17. Jahrhundert gegeben, um die Einordnung und Interpretation der in diesem *Module* zu behandelnden Texte und der übrigen La Fontaine-Fabeln dieses Bandes zu erleichtern.

1. Louis XIV. war gezwungen, zur innenpolitischen Absicherung seines absolutistischen Regimes gegen den immer noch selbstbewussten Adel und zur Finanzierung seiner kostspieligen imperialen Außenpolitik eine Koalition mit den ökonomisch starken Schichten des Bürgertums zu bilden.
Die Verschmelzung von *cour* (der König und seine Umgebung) und *ville* (bessergestellte Schichten des Pariser Bürgertums) zu einer Kulturgemeinschaft lässt das nicht aristokra-

tische Fabelstereotyp *bon sens* zum neuen allgemeingültigen Kulturideal, zum Ausdruck eines *esprit nouveau* werden. Gesellschaftsideale:

- *la mesure*
- *le bon sens*
- *le goût de l'équilibre harmonieux*
- *l'élégance*
- *la bienséance*

2. Die in der Fabel durchgängige Dialektik von Groß und Klein, die durchaus einen sozial-kritischen Kern in sich trägt, wird in den La Fontaine-Fabeln nicht zum Gegensatz von Unterdrücktem und Unterdrücker, sondern zur Opposition von realitätsfremd und realitätsangepasst; damit fungiert sie als – dem Hofe genehme – Kritik an Preziosentum, Heuchelei und Pedanterie, richtet sich also im Wesentlichen gegen die Preziösensalons und den Landadel (cf. *Le coq et le renard,* 6.2), tritt dagegen oft explizit für den König ein (cf. auch die Komödien Molières).

3. Die Tatsache, dass die La Fontaine-Fabeln Adaptationen tradierter Muster sind, lassen sie für das 17. Jahrhundert als dem Zeitgeschmack angepasste Reproduktionen der als vorbildlich geltenden griechisch-römischen Klassik gelten: Sie erscheinen daher im Kontext des ‚Ewig-Gültigen', als Anleitung zum angepassten, ‚vernunftgemäßen' Verhalten.

4. Ein weiteres Kriterium, das die Blüte der Fabel im absolutistischen Zeitalter erklären hilft, ist die starke Betonung ihrer formalen Seite. Der Hof Ludwigs XIV. gab das Kulturzentrum ab, in dem die Techniken der literarischen Produktion und die Formen der Rezeption zu äußerster Differenziertheit und Nuanciertheit vorangetrieben werden konnten – der königliche Hof als der Ort aristokratischen Lebensgenusses und der Freisetzung von ökonomischen Zwängen par excellence. Im bis ins Letzte geregelten System der Konventionen – sowohl was die höfische Etikette als auch was die literarische Produktion anbelangte (Boileau, *Art poétique*) – war die Fabel eine der wenigen freien Stellen ihrer Produktion und ihrer Rezeption nach.

Der Wegfall jeglicher poetologischer Kodifizierung bei der Fabel – wie er in der Nichterwähnung der Fabel in der *Art poétique* Boileaus zum Ausdruck kommt – erschließt der Gattung neue Möglichkeiten. Im Einsatz des Formapparates mit Metrum, Reimschema und Rhythmus zur Unterstützung der Aussage erreicht La Fontaine formale Perfektion; er erzielt durch die *vers mêlés*-Technik, losgelöst von den Zwängen der *poèmes à forme fixe*, eine dynamische Anpassung an die Erfordernisse der inhaltlichen Bewegung.

5. Der Kompromisscharakter der neuen Form der Fabel zeigt sich am deutlichsten in einem vorher nie so da gewesenen Überwiegen der Elemente des *agréer*: von einer primär lehrhaften (*instruire*) wird die Fabel zu einer primär unterhaltenden (*plaire*) Form. Der Erzählcharakter der Fabel wird in einer neuen Weise betont (durch Erweiterung gegenüber den Äsop-Vorlagen, durch psychologische Vertiefung, dramatischen Spannungsaufbau etc.); die formale Verfeinerung wird zu einer weder vorher noch nachher erreichten Diffizilität vorgetrieben (cf. insbesondere 3.1 und 6.2).

Gudule, *Le corbeau et le renard*

(Le corbeau, honteux et confus,
Jura, mais un peu tard, qu'on ne l'y prendrait plus!)

Ayant un long moment médité l'aventure
Le corbeau s'envola, avec l'espoir ténu
5   De dénicher dans la nature
Quelque chiche aliment à mettre à son menu.
Il scrutait la forêt, sous lui, lorsque soudain
Des coups de fusil retentissent.
Renard surpris en plein festin,
10   Lâche son camembert et dans un trou se glisse.
«Oh, oh! dit le corbeau, l'occasion est trop belle!»
Sur le fromage, il fond à tire-d'aile
Et dans les airs l'emporte sans tarder.
Juste à temps! La main sur la gâchette
15   Cherchant à repérer de goupil la cachette
Apparaît l'homme armé.
Mais du gibier qu'il traque il ne trouve point trace:
Par son larcin, corbeau, sans le savoir,
A sauvé la vie du fuyard.
20   Bredouille, le chasseur abandonne la chasse.
Tout penaud, le renard sort alors de son antre
Et devant le corbeau qui se remplit le ventre
Constate en soupirant: «Je vais jeûner, ce soir!»
Mais l'autre calmement descend de son perchoir
25   Et posant sur le sol ce qui reste du mets
Invite son compère à se joindre au banquet.
«Tu es rusé, dit-il, et moi je fends l'espace,
Ensemble nous formons un duo efficace.
Plutôt que de chercher l'un l'autre à nous voler
30   Pourquoi ne pas nous entraider?»
Honteux et confus, le renard
De la proposition admit le bien-fondé,
Jurant, mais un peu tard,
D'exercer désormais la solidarité.

(258 mots)

ténu,e très mince

dénicher qc (fam.) réussir à trouver qc après de longues recherches
chiche petit
scruter observer attentivement

fondre sur qc à tire-d'aile se jeter de haut en bas très rapidement
avoir la main sur la gâchette être prêt à tirer
repérer découvrir
goupil renard (nom ancien)
traquer un animal le poursuivre jusqu'à l'épuisement
le larcin objet de peu d'importance
bredouille se dit d'un chasseur qui n'a rien pris
penaud honteux, confus
l'antre (m) (litt.) cavité naturelle d'une bête

fendre l'espace (m) ici: se déplacer très vite

admettre le bien-fondé de la proposition accepter le caractère raisonnable de la proposition

«Après vous, M. de La Fontaine!: *Le corbeau et le renard*», Gudule, Le Livre de Poche Jeunesse, © Hachette-Livre, 2003

Sujets d'étude

1. Donnez un résumé de la fable.

2. Caractérisez le corbeau et le renard en analysant la structure dramatique.

3. Comparez la «contrefable» de Gudule à la fable classique de La Fontaine (moyens stylistiques, sens moral/moralité).

Erwartungshorizont zur Klausur

Zu 1: Die Fabel setzt dort ein, wo die klassische La Fontaine-Fabel aufgehört hat: Der *corbeau* macht sich nach dem Verlust seines Käses auf die Suche nach einer neuen Nahrungsquelle, als ein Jäger auftaucht, der den Fuchs erlegen will. Die Schüsse veranlassen den *renard*, seinen Käse aufzugeben und in ein Erdloch zu flüchten. Diese Gelegenheit nutzt der *corbeau*, nimmt den Käse und fliegt davon. Unwissentlich rettet er damit dem Fuchs das Leben, denn der Käse hätte das Versteck preisgegeben. Der Jäger gibt die Verfolgung auf. Vor dem den Käse verspeisenden *corbeau* resigniert der *renard*. Der *corbeau* aber bietet ihm einen Teil seiner Beute an und lädt ihn für die Zukunft zur Zusammenarbeit ein, ein Angebot, das der *renard* annimmt.

Zu 2: Die Fabel beginnt mit einem Zitat der letzten beiden Verse der La Fontaine-Vorlage: *„Le corbeau, honteux et confus/Jura, mais un peu tard, qu'on ne l'y prendrait plus!"* Der dramatische *conflit* der beiden *opposants corbeau* und *renard* hat sich bereits in der klassischen Vorlage abgespielt, wo der *renard* aufgrund seiner Listigkeit (*rusé*) dem *corbeau* den Käse abnahm und ihn als Düpierten (*dupé*) zurückließ. In der vorliegenden Fabel geht es daher zunächst darum, ob der *corbeau* seine Absicht wahr macht und sich nicht mehr hereinlegen lässt. Als sein Widersacher den Käse fallen lassen muss, um dem Jäger zu entkommen, nutzt er die Gelegenheit (*„l'occasion est trop belle"*, v. 11). Diesmal ist er der Erfolgreiche. Der *renard* findet sich drein (*en soupirant*): *„Je vais jeûner, ce soir"* (v. 23). Bis zu diesem Vers entspricht das dramatische Muster modernen Fabelmodifikationen, wie sie auch z. B. bei Jules Renards *Variante d'une fable universelle* vorliegt: Der *corbeau* hat aus der Vorgeschichte gelernt (*Il a tiré une leçon de la fable classique*), reagiert schnell und bleibt daher Sieger im Kampf um das *bien souhaité*. Der *renard* ist allerdings nicht der Düpierte, denn er hat sich situationsgerecht verhalten; den Verlust des Käses kann er verschmerzen.

Ab v. 24, eingeleitet durch das absatzmarkierende *„Mais"*, zeigt die dramatische Struktur dann eine überraschende Wendung: Der *corbeau* bietet dem *renard* gegenseitige Unterstützung an: *„Plutôt que de chercher l'un l'autre à nous voler/Pourquoi ne pas nous entraider?"* (v. 29/30) Dieses unerwartete Angebot beschämt und verwirrt zunächst den *renard* (*„honteux et confus"*, v. 31 – cf. den *corbeau* in der Fabel La Fontaines), aber als Realist nimmt er das Angebot an (schließlich hat ihm diese Aktion das Leben gerettet): *„le renard/De la proposition admit le bien-fondé"*. Er schwört, in Zukunft solidarisch zu sein: *„D'exercer désormais la solidarité."* (v. 34) Das klassische Oppositionsmuster der Fabel wird hier aufgelöst, indem sich die beiden Kontrahenten solidarisieren.

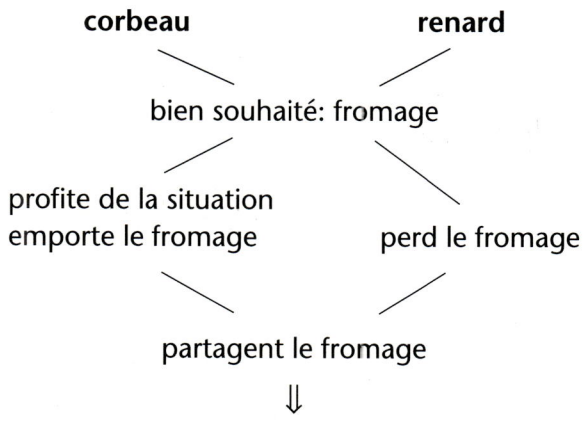

```
        corbeau              renard
            \                 /
          bien souhaité: fromage
            /                 \
profite de la situation
emporte le fromage            perd le fromage
            \                 /
          partagent le fromage
                  ⇓
   décident de s'entraider et d'être solidaires
```

Zu 3: Neben der Übernahme des Titels wird der Pastiche-Charakter zur La Fontaine-Fabel mehrfach deutlich:

- Die vierunddreißig Zeilen unfassende Fabel ist wie die La Fontaine'sche versifiziert und besteht aus *vers mêlés (alexandrins, décasyllabes, octosyllabes, vers de six syllabes)*. Das Reimschema umfasst wie bei La Fontaine *rimes plates, rimes embrassées, rimes croisées*.
- Die moderne Fabel setzt mit den beiden letzten Versen der La Fontaine-Vorlage ein. Die Absicht des *corbeau*, sich nicht mehr hereinlegen zu lassen, wird damit Leitmotiv für den folgenden *récit*. Dies wird auch durch die ersten Verse des *récit* bestätigt, in denen der *corbeau* das vergangene Erlebnis (*aventure*, v. 3) überdenkt: *„Ayant un long moment médité l' aventure ..."*
- Der Pastiche-Charakter wird verstärkt durch die Wortlautkorrespondenzen am Ende der Fabel (*„honteux et confus"*, v. 31; *„Jurant, mais un peu tard"*, v. 33) sowie durch das Vorkommen von antiquierten Wörtern und Wendungen wie *„goupil"* (v. 15), *„compère"* (v. 26) oder *„Mais du gibier qu'il traque il ne trouve point trace"* (v. 17). Die Übernahme der *récit égayé*-Technik La Fontaines findet auch ihren Niederschlag in den *éléments comiques*, derer sich die moderne Fabel bedient, z. B.: *„Tout penaud, le renard sort alors de son antre/Et devant le corbeau qui se remplit le ventre/Constate en soupirant: ‚Je vais jeûner, ce soir!'"* (v. 21–23).

Das bewusste Wiederaufgreifen der traditionellen La Fontaine'schen Fabelform wird hier eingesetzt zur Kontrastierung eines veränderten Gehaltes mit dieser Form (wie auch schon in der Parodie von Jules Renard). Der Funktionswandel wird bereits durch moderne Begriffe angedeutet: *„Nous formons un duo efficace"* (v. 28), *„exercer désormais la solidarité"* (v. 34), findet dann seine eigentliche Ausformung in *sens moral* und *moralité*.

Lautete noch La Fontaines vom *corbeau* formulierte *moralité*: *„Apprenez que tout flatteur/Vit au dépens de celui qui l'écoute"*, so heißt die neue *leçon* des *corbeau*: *„Plutôt que de chercher l'un l'autre à nous voler/Pourquoi ne pas nous entraider?"* (v. 29/30). Dabei ist wichtig, dass beide *personnages* ihre persönlichen Stärken in diese Partnerschaft einbringen (v. 27): *renard* = rusé; *corbeau* = sait voler (d. h. er hat den Überblick und kann schnell eingreifen). Während in der klassischen Fabel die Konkurrenz der *personnages* am Ende fortbesteht, bietet diese moderne *contrefable* eine Lehre der Solidarität, die den *personnages* ihren Erfolg und sogar ihr Überleben sichert: *„Ensemble nous formons un duo efficace"* (v. 28). *L'union fait la force*, so könnte die Maxime am Ende dieser Fabel lauten.

Anhang

Bibliographie (Auswahl)

- Bergson, Henri: Le rire. Essai sur la signification du comique. Paris (PUF) 1983. (bes. Chap. II: Le comique de situation et le comique de mots; Chap. III: Le comique de caractère).
- Bausch, Karl-Richard/Christ, Herbert/Krumm, Hans-Jürgen (Hg.): Handbuch Fremdsprachenunterricht. Tübingen und Basel (Francke) ⁴2003.
- Caspari, Daniela: Kreativität im Umgang mit literarischen Texten im Fremdsprachenunterricht. Theoretische Studien und unterrichtspraktische Erfahrungen. Frankfurt (Lang) 1994.
- Drost, Wolfgang (Hg.): Jean de La Fontaine dans l'univers des arts. Heidelberg (Carl Winter) 1991.
- Ewald, Dieter: La Fable. L'évolution d'un genre littéraire. Lehrerhandbuch Bd. 1 der Reihe Approches socio-culturelles et littéraires, hg. von Dieter Ewald. Paderborn (Schöningh) ⁹2000.
- Fabula docet. Illustrierte Fabelbücher aus sechs Jahrhunderten. Ausstellungskatalog der Herzog August Bibliothek Wolfenbüttel 1983 (bes. pp. 50–66, 126–135).
- Der Fremdsprachliche Unterricht Französisch. Heft 4 (1991): Humor.
- Der Fremdsprachliche Unterricht Französisch. Heft 22 (1996): Bandes dessinées.
- Giraudoux, Jean: Les cinq tentations de La Fontaine. Paris 1938.
- Jasinski, René: La Fontaine et le premier recueil des ‹Fables›. Tome I. Paris 1965.
- La cigale et la fourmi. 30 versions inédites. Paris (Editions Safrat) 1989.
- La Fontaine. Œuvres complètes. Tome I: Fables, contes et nouvelles. Édition établie, présentée et annotée par Jean-Pierre Collinet. Paris (Gallimard: Edition de La Pléiade) 1991 (darin auch der interessante Essay von Taine).
- Mummert, Ingrid: Die Unsterblichkeit der Grille und der Ameise oder «Enfin un amour qui passera l'hiver». Freies Schreiben mit Fabeln (Sek. I). In: Der Fremdsprachliche Unterricht Französisch, Heft 3 (1991): Kreatives Schreiben, pp. 28–32.
- Nieweler, Andreas (Hg.): Fachdidaktik Französisch. Tradition, Innovation, Praxis. Stuttgart (Klett) 2006 (bes. pp. 206–231: Umgang mit Texten und Medien – *Au plaisir de lire* und pp. 232–239: Von der Landeskunde zum interkulturellen Lernen – *Le regard de l'autre*).
- Prévert, Jacques: Collages. Paris (Maeght Editeur) 1995.
- Rück, Heribert: Unterrichtsideen Französisch – Textanalyse und Textproduktion. Sekundarstufe II. Stuttgart (Klett) 1989.
- Stentenbach, Bernhard: Lernwortschatz zur französischen Textarbeit. Frankfurt (Diesterweg) 1997.
- von Matt, Peter: Die Intrige. Theorie und Praxis der Hinterlist. München (Hanser) 2006 (bes. 4. Teil, pp. 251–346 ‚Vom Fuchs').

Internetseite

Unter der Vielzahl der Sites Internet zu La Fontaine ist die folgende besonders hervorzuheben:

http://www.Lafontaine.net

Le Monde bewertet sie als «site vivant, soigné et utile»; zum Spektrum ihrer – auch interaktiven – Möglichkeiten cf. p. 8.

Bildquellenverzeichnis

Umschlag und S. 6: aus einer französischen Briefmarken-Kollektion anlässlich des 300. Todestags von La Fontaine 1995; S. 3: © VG Bild-Kunst, Bonn 2006; S. 14: Chaval, gesammelte Cartoons III: Hochbegabter Mann, befähigt, durch die bloße Erdumdrehung einen Eindruck von Geschwindigkeit zu empfinden, Zürich: Diogenes Verlag 1974; S. 23: Puig Rosado, Bêtes-Seller, Paris: Albin Michel; Oldenburg/Hamburg: Gerhard Stalling 1978; S. 25: oben: Zeichnung von Traviès: Le renard et les corbeaux, Caricature No 193 du 17/7/1834, in: La Caricature. Bildsatire in Frankreich 1830–1835 aus der Sammlung Kritter, hg. vom Kunstgeschichtlichen Seminar der Universität Göttingen 1980; unten: Serguei, dans: Le Monde du 14/12/2004; S. 27: Robert Sulpice, Corbal & Glossfilou; S. 36: oben: Gustave Doré, Illustration de la fable „La cigale et la fourmi" (1867). Dans: La Fontaine, Fables. Dessins de Gustave Doré. Grandes Œuvres, Paris: Hachette 1978; unten: © vario-images/Christopher Adolph; S. 38–40: La Cigale et la Fourmi par Gotlib © Dargaud 2006; S. 49: L'Express 1976; S. 50: Publicis Etoiles o. J.; S. 42, 52, 53: Fotos: Francis Habert/CDT des Bouches-du-Rhône 1998; S. 55: oben: © Bausparkasse Schwäbisch Hall AG; unten: © Volkswagen AG, Wolfsburg

Sollte trotz aller Bemühungen um korrekte Urheberangaben ein Irrtum unterlaufen sein, bitten wir darum, sich mit dem Verlag in Verbindung zu setzen, damit wir eventuell notwendige Korrekturen vornehmen können.